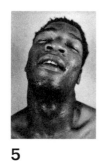

5

6

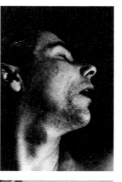

7

9

10

8

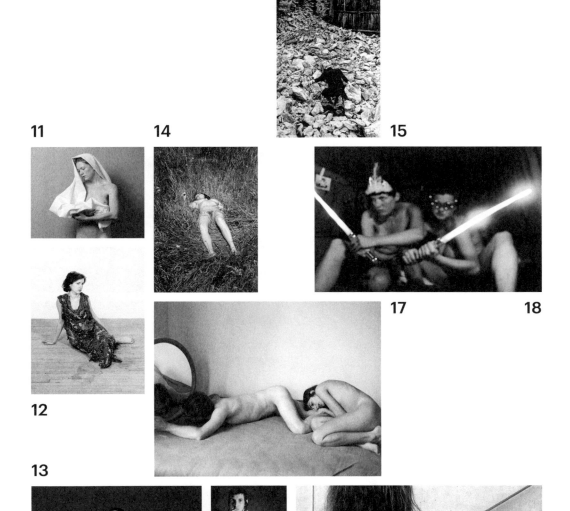

21
22
23
24
25

27

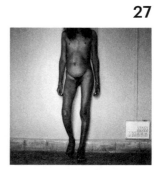

28

19

26

29

Texte I

Walter Zahner	8	Vorwort
Benita Meißner	10	Die Macht des Bildes und die Macht des Wortes
Ulrich Schäfert	18	Die Betrachter*in ist im Bild und sehnt sich nach dem Paradies... Ein assoziativer Ausstellungsrundgang
Désirée Düdder-Lechner	32	Paradise Lost #gender shift Zum Filmprogramm im BBK, Galerie der Künstler, München
Tabea Hopmans	38	Lasst uns über Gender sprechen Der Safe Space in der PLATFORM München

Vorwort

Das 2019 ins Leben gerufene Ausstellungsprojekt ‚Paradise Lost #gender shift' war ursprünglich als zeitgenössische Ergänzung der historischen Ausstellung ‚Verdammte Lust! Kirche. Körper. Kunst' des Diözesanmuseums Freising geplant. Die Intention des Freisinger Kuratoren-Teams war, anhand historischer Gemälde zu zeigen, wie sich Künstler im Spannungsfeld tradierter christlicher Anthropologie, kirchlichen Moralvorstellungen und sinnlich-erotischer Lust bewegten. Diese eigentlich für den Sommer 2020 angesetzte Kooperation wurde durch die Pandemie verhindert und kann nun leider auch im Jahr 2021 nicht gemeinsam durchgeführt werden, da sich keine geeigneten Räumlichkeiten für die Präsentation fanden. Nun zeigt die Deutsche Gesellschaft für christliche Kunst die als zeitgenössische Antwort gedachte Ausstellung in eigener Verantwortung mit neuen Partnern. Jedoch können wir uns schon jetzt auf die historische Ausstellung freuen, die in ein paar Jahren im neu gestalteten Diözesanmuseum in Freising zu sehen sein wird. Wir möchten uns an dieser Stelle ganz herzlich bei Herrn Dr. Kürzeder, Frau Dr. Roll und Frau Dr. Eder für die Inspiration zu diesem Projekt bedanken.

‚Paradise Lost #gender shift' öffnet in der jetzigen Form den Blick für wichtige und zeitgemäße Themen unserer Gesellschaft durch die Augen der Künstler*innen. Die Kunst kann ein Seismograph sein für die Veränderungen und Defizite unserer Welt. Sie findet auch hier eine Sprache, Transformationen und Missstände aufzudecken und kritisch zu beleuchten. Die künstlerischen Beiträge in der Ausstellung und dieser begleitende Katalog bieten die Gelegenheit, sich neu auf die Themen Identität, Gender und Sexualität einzulassen.

Der Schwerpunkt der Präsentationen liegt im DG Kunstraum auf dem unmittelbaren Abbild in Form der Fotografie. In einer lockeren Salonhängung wird in der Zusammenschau unterschiedlicher Bilder ein Portrait unserer Zeit entwickelt. Ein zweiter Teil der Ausstellung ist in der Galerie der Künstler (BBK) zu sehen. Dort werden Videoarbeiten und Performances gezeigt. Der dritte Ausstellungsort, die PLATFORM, positioniert sich zu den Hauptausstellungsorten als Satellit, als Veranstaltungsort mit einem möglichst breit und inklusiv angelegten ergänzenden Programm.

Wir freuen uns, durch diesen Katalog die Positionen dieser Ausstellung dauerhaft dokumentieren zu können. Unser Dank geht an alle Künstler*innen für die Unterstützung des Projektes. Ihre Werke mögen uns die Vielfalt der notwendig zu behandelnden Fragestellungen vor Augen führen. Wir bedanken uns ebenso bei den Autor*innen, die mit ihren Texten dazu beitragen, dieses vielschichtige Thema differenziert zu betrachten.

Last but not least möchten wir uns an dieser Stelle ganz besonders bei unseren Kooperationspartnern, der Kunstpastoral der Erzdiözese München und Freising, dem Berufsverband Bildender Künstlerinnen und Künstler München und Oberbayern sowie der Platform für die tatkräftige Unterstützung dieses Ausstellungsprojektes bedanken. Unser Dank gilt auch den großzügigen Förderern des Projektes: der Kulturstiftung des Bundes, der Kulturstiftung der Sparkasse München und dem Verein Ausstellungshaus für christliche Kunst.

Walter Zahner

Benita Meißner   Die Macht des Bildes und die
                     Macht des Wortes

„Wie vermutlich jedem Menschen um die dreißig Jahre, stellte sich auch mir in diesem Alter intensiv die Frage nach meiner Identität. Ich kam zu dem Schluss, dass ich keine Identität habe, weil ich eine freie Identität anstrebe, die ich aber aufgrund von gesellschaftlichen Konventionen nicht wirklich erreichen kann, zum Beispiel aufgrund der damals vorherrschenden Geschlechterkonventionen. Auch das Begehren nach Nicht-Identität, stellt eine Identität dar."[1]

VALIE EXPORT

Gesellschaft und *gender shift*

Das Aufbrechen alter Rollenbilder, die Infragestellung moralischer Vorgaben auch in den Religionen und die sexuelle Selbstbestimmtheit des Menschen sind Themen, die heute nicht nur in den Medien Hochkonjunktur haben, sondern zu einem Wandel unserer Lebensrealität führen.

Ein großer Teil der westlichen Gesellschaft am Anfang des 21. Jahrhunderts unterstützt den Ruf nach Gleichstellung und Gerechtigkeit für alle, doch das Überdenken von Gewohnheiten oder Aufbrechen von Traditionen wird oftmals kritisch gesehen. Evolution ist aber ohne stetige Veränderung und Erneuerung nicht denkbar. Sogar auf der Ebene unserer eigenen Gene finden Modifikationen statt, denn diese weisen eine Art Gedächtnis auf, welches die Aufforderung zum Wandel enthält[2]. Die Natur befindet sich in ständiger Veränderung, um sich an neue Herausforderungen, wie zum Beispiel den Klimawandel, anzupassen. Man kann also behaupten, die Transformation als Folge neuer Erkenntnisse ist ein natürlicher Prozess, dem wir uns auch als Gesellschaft nicht verwehren dürfen.

„...and when we speak we are afraid
our words will not be heard
nor welcomed
but when we are silent
we are still afraid
So it is better to speak
remembering
we were never meant to survive."[3]
Audre Lorde, *A Litany for Survival*

Im Zuge der Women's Studies in den 1960er- und 1970er-Jahren, die sich aus feministischer Sicht in wissenschaftlicher Betrachtungsweise mit der Rolle der Frau in einer von Männern dominierten Gesellschaft auseinandersetzten, entwickelten sich die Gender Studies, die sich mit der Konstruktion von Geschlecht ganz allgemein beschäftigen. Eine der Grundlagen dafür war das Werk ‚Das andere Geschlecht' der französischen Philosophin und Schriftstellerin Simone de Beauvoir, erschienen 1949, da sie konsequent die Unterscheidung zwischen Prägung (sozialer sowie kultureller) und biologischem Geschlecht forderte. Eines der berühmtesten Zitate in diesem Zusammenhang lautet: „Man wird nicht als Frau geboren, man wird es."[4] Der Körper eines Kindes ist laut Beauvoir zunächst das Werkzeug zum Verständnis der Welt, unabhängig von seinem Geschlecht.

> Der Feminismus, in Europa und den USA, ist eine Ideologie und soziale Bewegung, bei der sich Einzelpersonen und Gruppen aktiv gegen Strukturen auflehnen, die für Diskriminierungen von Frauen aufgrund ihres biologischen und sozialen Geschlechts ausschlaggebend sind. Im Spannungsfeld der verschiedenen feministischen Entwicklungen etablierte sich seit Anfang der 1990er-Jahre die Queer-Theorie, die – über Fragen der Frauenrechte und den Antagonismus von *männlich* und *weiblich* hinaus – ganz allgemein an Sexualität gebundene Herrschaftsformen normativer Identitäten kritisiert. Die Philosophin Judith Butler erweiterte 1990 den Diskurs durch die Aussage: „Geschlecht ist Performanz."[5] Sie neutralisierte die Geschlechterdebatte, indem sie keine geschlechtsspezifischen Festschreibungen vornahm, sondern dafür plädierte, dass geschlechtliche Identität – männliche wie weibliche – eine stets andauernde Inszenierung darstellt, die durch kulturelle und gesellschaftliche Entwicklungen bestimmt ist, jenseits von natürlich-biologischen Konfigurationen.

Die äußere Wahrnehmung spielt für Cis-Personen[6] eine entscheidende Rolle bei der geschlechtlichen Zuordnung des Gegenübers. Der Sehsinn ist der wichtigste Sinn des Menschen und liefert die meisten Informationen. Für Trans-Menschen ist diese traditionelle Zuordnung schwierig bis schmerzlich, da das rein Körperliche berücksichtigt wird. Wegweisend wäre hier die Innensicht, sprich die persönliche Wahrnehmung der Geschlechtlichkeit des Gegenübers, die eben manchmal mit dem Außen nicht in Einklang steht. Die binäre Einteilung der Geschlechter wurde 2018 durch die Option divers beim Eintrag in das Personenstandsregister ergänzt. Das hat große Auswirkungen, denn Sprache schafft Wirklichkeit und kann somit identitätsstiftend sein.

> Trotz vielfacher Aufforderungen scheut sich die Bundesregierung noch, den Zusatz „sexuelle Identität" in Artikel 3, Absatz 3 des Grundgesetzes aufzunehmen, um gegen Homophobie und Transfeindlichkeit ein Zeichen zu setzen. Die aktuelle EU-Grundrechtecharta hat bereits einen Passus zum Schutz vor Diskriminierung aufgrund sexueller Ausrichtung und Identität formuliert. 2015 wurden in New York mit der Agenda 2030 erstmalig auch die Geschlechter-

gleichheit und die Reduzierung von sozialen Ungleichheiten als globale Ziele für eine nachhaltige Entwicklung mitberücksichtigt. Die Gleichberechtigung der (aller) Geschlechter ist ein universelles Menschenrecht.[7] Celina Prüfer reflektiert in ihrem Katalogbeitrag den Stand der Gender Studies vor dem Hintergrund dieser Ausstellung.

Die schrecklichen Ereignisse des Missbrauchsskandals und die offene Diskussion über Gender und die Rolle der Frau in der Kirche, wie sie mit Maria 2.0 aktuell formuliert wird, gaben einen weiteren Anstoß, sich dem Thema *gender shift* im vielschichtigen und offenen Feld der Kunst zu nähern. Die Fragen nach verdrängter Sexualität und den Ausschluss von Personengruppen von Ämtern aufgrund ihres Geschlechts oder Missbrauch in der Kirche kann nur die Kirche selbst in sinnvoller Weise aufarbeiten. Als Verein für zeitgenössische Kunst mit christlicher Haltung, der die existentiellen Fragen des Menschen in den Blick nimmt, werden in diesem Ausstellungsprojekt die Fragen ganz grundsätzlich gestellt – nach dem Bild des Menschen und seiner Identität, die wesentlich mit seinem sozialen und biologischen Geschlecht verbunden ist, nach den Geschlechterrollen und nach dem *shift,* also der Verschiebung, in der sich diese über Jahrhunderte scheinbar unveränderlichen binären Einteilungen befinden.

Diese Publikation spiegelt die Herausforderung wider, eine geschlechtergerechte Sprache zu verwenden. Den Autoren des Katalogs wurde es bewusst freigestellt, wie sie sprachlich mit diesem komplexen Thema umgehen wollen. Die gewählten unterschiedlichen Schreibweisen veranschaulichen die Bandbreite der Ausdrucksmöglichkeiten und somit der Perspektiven.

Die Salonhängung

Es ist das Anliegen der Ausstellung ‚Paradise Lost #gender shift', durch die lockere Salonhängung Fotografien unterschiedlicher Menschen, ob im Einzelportrait oder mit Gegenüber, in einer Art großem Tableau nebeneinander zu zeigen. Die Dichte der Arbeiten baut visuelle Brücken und schafft Raum für neue Interpretationen und Sehweisen. Beispielsweise wird die Wirkung der weiblichen Züge der Prostituierten in ‚nudes pl09m' von Thomas Ruff und der männerheischende Blick darauf durch die harte Reduktion des Modells auf seinen Körper in den Fotografien ‚Waiting I und II' von Tejal Shah potenziert.

Abb. 26
Abb. 27
Abb. 28

Eine Ausstellung ist immer eine Auswahl, eine Verdichtung oder Pointierung dessen, was im jeweiligen Kontext als relevant und besonders wichtig erscheint: Hier ist es die Suche nach sich selbst, der Wunsch nach Anerkennung, die Angst vor Verletzung. Die Künstler*innen verhandeln in den fotografischen Arbeiten existenzielle Fragestellungen und reflektieren dabei gesellschaftliche Rollen und stereotype Identitätsmuster. In einem Wechselspiel aus Rezeption, Selbstdarstellung und -inszenierung werden verschiedene Repräsentationsformen von Identität diskutiert. Der einzelne Mensch wird erfahrbar in seiner Eigenheit, Schönheit und Verletzlichkeit. Ambivalente Darstellungen, wie die der Boxer bei Pola Sieverding oder die ekstatischen ‚Head Shots' von Aura Rosenberg, die spielerische Pose bei Harry Hachmeister und Jutta Burkhardt, stehen im Kontrast zur scheinbar nüchternen Bestandsaufnahme der Arbeit ‚I AM' von Tejal Shah. Wo sind die Grenzen von Eindeutigkeit und Ambivalenz in der Verortung des Selbst in Bezug auf die eigene Sexualität? Die Transformation des eigenen Körpers, die erwachende Sexualität, sich herausbildende gesellschaftliche Aufgaben und Zuschreibungen – all diese Themen werden in den Werken von Rineke Dijkstra, Harry Hachmeister und Benyamin Reich verhandelt.

Abb. 5
Abb. 6
Abb. 7

Abb. 30

Die Dekonstruktion weiblicher Gender-Identität ist eine der wichtigsten Hinterlassenschaften der feministischen Kunst der 1970er-Jahre in Europa und den USA. Künstlerinnen wie Eleanor Antin, Annette Messager, Cindy Sherman oder Carolee Schneemann kreierten ausgeklügelte Verwandlungsstrategien hybrider Identitäten, mit denen unter anderem geschlechtliche Rollenzuweisungen kritisch betrachtet wurden. Gleichzeitig begannen sie, sich mit dem jahrhundertealten, tradierten *Bild der Frau* in der Kulturgeschichte auseinanderzusetzen. Seit den 1980er-Jahren verarbeiten zahlreiche Künstlerinnen, darunter Monica Bonvicini, Tracey Emin, Nan Goldin und Sarah Lucas, die feministischen Themenfelder durch neue Erfahrungswerte und Fakten in den Bereichen Sexismus und Rassismus weiter.

An diese feministische Kunst möchte die Schau mit neuen Bildern anknüpfen. Julia Krahn hinterfragt in der Arbeit ‚Mutter' die Aufgaben der Frau und bringt mit der Wandarbeit ‚Eva. Erde zu Erde' die Bedeutung der ersten Frau *Eva* mit ins Spiel. Alicia Framis konterkariert den männlichen Beschützer in ‚Cinema Solo' durch das Rollenspiel mit einer männlichen Schaufensterpuppe. Sophia Süßmilch vermittelt in ihrer Arbeit, dass – an diesem Punkt der Evolution angekommen – das Angebot einer Gleichstellung viel zu spät offeriert wurde. Hier steht die Forderung nach einem Matriarchat im Raum – als Ausgleich für jahrhundertelange Unterdrückung durch das Patriarchat.

Abb. 11
Abb. 2
Abb. 21 –25

Gewalt gegen Frauen oder Trans-Personen ist ein weiterer Bereich, der in der Ausstellung thematisiert wird. So sind zwei Arbeiten von VALIE EXPORT, einer der Vertreterinnen der ersten Stunde der feministischen Kunst der 1970er-

Jahre, zu sehen, die die Künstlerin als potentielles Opfer sexueller Gewalt zeigen, sowie die Arbeit ‚Untitled (on violence)' von Tejal Shah, die aber aufgrund der Installationsvorgaben in der Galerie der Künstler gezeigt wird.

Abb. 41

Eva Schürmann führt in ihrem Band ‚Sehen als Praxis' aus, dass es durch Kunst und Philosophie möglich wird, Zusammenhänge neu, jenseits der alltäglichen Erfahrungswelt zu erleben. Dieses *Anderssehen* entwickelt sich oftmals aus leidvollen Erfahrungen oder einem Schrecken. Kunstwerke konfrontieren die Betrachter*innen mit Sehangeboten, „die ... Einsichten in die Prozesse ästhetischer Welterschließung vermitteln."[8] Peter Trawny geht in seinem assoziativ-philosophischen Katalogbeitrag von dieser Haltung aus.

Die Deutung des Bildes wird von der jeweiligen (kulturellen/religiösen) Prägung der Betrachter*innen beeinflusst. Nach Pierre Bourdieu[9] ist Fotografie Ausdruck und Symptom sozialer Beziehungen. Die Fotografie besitzt keine eigene Identität oder spezifische Bedeutung, außer der, die die Betrachter*innen dieser aufgrund des eigenen kulturellen und gesellschaftlichen Kontextes zuweisen. Der assoziative Ausstellungsrundgang im Katalogtext von Ulrich Schäfert verdeutlicht deshalb die große Bedeutung der Rolle *der Betrachter*in* im Zusammenspiel mit den Fotoarbeiten.

In diesem Beitrag sowie in den Texten von Rainer Hepler und Michael Brinkschröder eröffnen sich neue, erfrischende Sichtweisen auf das christliche Rollenverständnis von Mann und Frau sowie auf die Sexualität. Auch die Bilder dieser Ausstellung haben die Macht, die großen Themen Sexualität, Identität und Intimität neu denken zu lassen, ohne a priori Gruppen auszuschließen.

Das Thema ist so aktuell und umfassend, dass eine vielschichtige und interdisziplinäre Auseinandersetzung damit notwendig ist. Die Zusammenarbeit mit der Platform München ist hier eine große Bereicherung: Zum einen fungiert sie als Ort des Austauschs, durch den *Safe Space* und die initiierten Veranstaltungen; und sie vertieft das Thema und ergänzt unsere Publikation durch den informativen Textbeitrag von Tabea Hopmans.

Der entscheidende Augenblick

„Wenn Menschen mit Tiefe und Ernst versuchen, ihre Ideen von moralischer und religiöser Schönheit auszudrücken, indem sie dazu die Hohe Kunst der Fotografie anwenden, dann können wir stolz sein auf unsere ruhmreiche Kunst und darauf, zu ihrer Entwicklung beigetragen zu haben."[10]

C. Jabez Hughes

Die Fotografie kann als Nullpunkt der Wahrnehmbarkeit beschrieben werden. Eine Fotografie hält das Gezeigte nicht für alle Zeiten lebendig, sondern bestätigt seine Vergänglichkeit. Sie suggeriert durch die Art der Aufnahme, den Ausschnitt auch eine Erzählung, die so nicht unbedingt stattgefunden hat. Durch die fotografischen Aufnahmen erhält unsere erlebbare Welt eine neue Dimension: die des Abbildes. Die sich daran anschließende Frage lautet: Wird die Wirklichkeit bebildert oder treten die Bilder an die Stelle der Wirklichkeit?

> Seit Anbeginn ist die Fotografie das Bildmedium der Demokratie. Jeder kann Motiv werden oder eine Fotografie besitzen. Das Bild hat heute eine so große Wirkmacht, dass es nach und nach sogar die Sprache in den sozialen Medien ersetzt. Der Drang nach Öffentlichkeit durch das Bild, nicht nur bei zahlreichen Feministinnen der Gegenwart, verwundert dabei kaum, war es doch bereits die Frauenbewegung des letzten Jahrhunderts, die die Privatsphäre in den Bereich der Öffentlichkeit verlagerte, um ihre Funktionen und Machtstrukturen zu hinterfragen.

Die Betrachter*innen übernehmen den Platz der Kameralinse, und es eröffnet sich ein Ausschnitt von (inszenierter) Wirklichkeit: „Fotografie ist die alles durchdringende Kraft dieser vom Licht getragenen Göttin. Fotografie ist eine besonders wertvolle Waffe, die der Menschheit für ihr intellektuelles Weiterkommen gegeben wurde."[11]

> Für die Künstler*innen ist Intermedialität heute weder eine persönliche Errungenschaft, noch eine Herausforderung. So sind viele der jüngsten Kunstrichtungen Videokunst und Performance, die vor allem in der Feministischen Kunst große Beachtung finden, über die Präsentation in der Galerie der Künstler (BBK) erlebbar. Désirée Düdder-Lechner zeigt in ihrem Katalogtext die besonderen Möglichkeiten insbesondere des Mediums Video in diesem Kontext auf.

Im Rahmen der Ausstellung laden die Veranstalter*innen zu mehreren Performances ein, die an verschiedenen Orten stattfinden. Der menschliche Körper, der im Zentrum der Ausstellung steht, wird hier im augenblicklichen Tun erlebbar. Die Performer*innen eröffnen den Betrachter*innen persönliche Erfahrungen, Empfindungen und Deutungen der Welt.

> Auch jüngste künstlerische Positionen konnten über eine Ausschreibung, die sich an Studierende der Akademie der Bildenden Künste München richtete, in unserem Ausstellungsprojekt berücksichtigt werden. Aus den eingegangenen Bewerbungen wurden drei Künstler*innen ausgewählt. Diese sind: Paul Adie, Sara Mayoral Jiménez und Lilian Robl.

Paradise Lost?

Die Bilder der Ausstellung treten uns selbstbewusst und kraftvoll entgegen. Es sind teilweise sehr intime Momente, die die Künstler*innen für uns in der Vergangenheit festgehalten haben. Momente, die, festgefroren in der Fotografie, eine Erzählung bereithalten, die von uns gelesen werden darf.

Die Fotografien in der Ausstellung sind in einem Zeitraum von knapp fünfzig Jahren (1972–2020) entstanden – eine lange Zeit, wenn man die historischen Ereignisse und den technischen Fortschritt bedenkt. *Paradise Lost:* Ganz eindeutig setzt die Ausstellung den Menschen, das „Ebenbild Gottes", in den Mittelpunkt. Die Natur dient nur selten als Bühne für seinen Auftritt. Es geht also nicht um die Beziehung von Mensch und Natur, die ihrerseits ein sehr aktuelles Thema darstellt, sondern es geht um den Menschen und seine Beziehungen untereinander, wie der Zusatz #gender shift vermittelt. Wir haben das Paradies verloren. Kann es wiedergewonnen werden? Die Diversität und das Schicksal des Einzelnen berücksichtigend, benötigen wir mehr Toleranz und ein Interesse an der Gemeinschaft, als sich abgrenzende Gruppen-Identitäten. Gemeinsam können Veränderungen herbeigeführt werden, nicht gegeneinander. Die Begegnung mit zeitgenössischer Kunst stellt ein anregendes Potential dar, um miteinander ins Gespräch zu kommen und sich auszutauschen.

---

1 VALIE EXPORT im Interview mit Oliver Zybok, 2018, https://www.kunstforum.de/artikel/valie-export-5/ [Stand: 1. März 2021].

2 Vgl. Ulrich Bahnsen, „Erbgut in Auflösung", in: *Die Zeit*, 2008, Nr. 25.

3 ‚A Litany for Survival', Copyright 1978 by Audre Lorde, aus *The Collected Poems of Audre Lorde by Audre Lorde.* Copyright 1997 by the Audre Lorde Estate.

4 Simone de Beauvoir, *Das andere Geschlecht* (Reinbek bei Hamburg: Rowohlt Taschenbuch Verlag, 2019), 20. Auflage, 334.

5 Judith Butler, *Das Unbehagen der Geschlechter* (Frankfurt am Main: Suhrkamp Verlag, 2016), 205.

6 Die Begriffe „cisgeschlechtlich", „cisgender" oder „cis" (lat. „cis-": diesseits) beschreiben Menschen, die sich dem Geschlecht zugehörig fühlen, das ihnen bei der Geburt zugewiesen wurde. Cisgeschlechtlichkeit wird in unserer Gesellschaft als „normal" angesehen, und cisgeschlechtliche Menschen genießen gesellschaftliche Vorteile, wie zum Beispiel, sich nicht erklären zu müssen oder ohne Angst Umkleidekabinen in öffentlichen Bädern nutzen zu können. *Regenbogenportal: Cis, cisgeschlechtlich. Bundesministerium für Familie, Senioren, Frauen und Jugend,* ohne Datum [Stand: 2. März 2021].

7 Laut Artikel 3 des deutschen Grundgesetzes sind Männer und Frauen seit 1958 gleichberechtigt.

8 Eva Schürmann, *Sehen als Praxis* (Frankfurt am Main: Suhrkamp Taschenbuch Wissenschaft, 2008), 211.

9 Vgl. Pierre Bourdieu, *Eine illegitime Kunst. Die sozialen Gebrauchsweisen der Photographie* (Frankfurt am Main: Suhrkamp, 1983).

10 Vgl. http://www.masters-of-photography.com/C/cameron/cameron_articles2.html [Stand: 1. März 2021].

11 Zitat von Peter Henry Emerson, in: Wolfgang Kemp, *Geschichte der Fotografie* (München: Verlag C.H. Beck, 2011), 7.

Ulrich Schäfert   Die Betrachter*in ist im Bild und sehnt sich nach dem Paradies...

Ein assoziativer Ausstellungsrundgang

Shift – im Laufe des 20. Jahrhunderts hat sich vieles scheinbar Unveränderliche verschoben bzw. wird nun neu und differenziert betrachtet: Hierzu gehören heute auch die Genderfrage und ebenso die Kunstbetrachtung. Auch in der Betrachtung von Kunst werden nun nicht mehr unverrückbare Wahrheiten deduziert, vielmehr geht es um offene, dialogische, kommunikative Prozesse, die die Identität der am Dialog Beteiligten (Kunstwerk als Werk einer Künstler*in und Betrachter*in)[1] berücksichtigt. Heute müsste wohl auch der Titel von Wolfgang Kemps 1992 erschienenem Klassiker zur Rezeptionsästhetik gendergerecht neu formuliert werden: ‚Die Betrachter*in ist im Bild'. Wie fühle ich mich durch ein Kunstwerk angesprochen? Wer bin ich eigentlich, was genau macht meine Identität aus und was prägt mich?

Diese Prägungen liegen der eigenen Betrachtung eines Werkes zugrunde – wir sind mit dieser Prägung und auch mit unseren Sehnsüchten Teil des Bildes und betrachten uns in dem Bild selbst mit. Den folgenden Rundgang durch die Ausstellung ‚Paradise Lost #gender shift' im DG Kunstraum, die mit Benita Meißner von einer Frau kuratiert wurde, unternehmen Sie mit einem Mann, der Kirchenmalerei gelernt und Theologie und Kunstgeschichte studiert hat – nur, um auch diese Betrachtungsweisen einordnen zu können.

Ausstellungsrundgang

Mit dem Gedanken im Kopf *irgendwie geht es in dieser Ausstellung doch um Gender, um Sexualität, um ein verlorenes Paradies* steht die Betrachter*in beim Betreten des Kunstraums gespannt... – erst einmal vor einem Vorhang... Assoziationen an das Thema Ver- und Enthüllung in der Erotik können in den Sinn kommen, in theologischem Kontext freilich auch Gedanken an den Vorhang vor dem Allerheiligsten, das Tor zum Paradies dem Hortus conclusus – die innere Spannung wird gebremst und verstärkt zugleich. Auf dem von Katharina Gaenssler gestalteten schwarzen Vorhang befinden sich Kreise, in denen Köpfe und Gesichter, Ausschnitte aus den in der Ausstellung gezeigten Fotoarbeiten zu sehen sind. Die erwähnten kreisförmigen Perforierungen sind von Andy Warhols wegweisender Videoarbeit ‚Kiss' von 1963 hergeleitet. In diesem Experimentalfilm zeigt Warhol sich küssende Paare in Großaufnahme in unterschiedlicher geschlechtlicher Zusammensetzung, was auch als emanzipatorischer Akt zu deuten ist. Ohne die Errungenschaften der 1960er und 1970er Jahre wäre auch eine Ausstellung wie diese, besonders im Kontext eines christlichen Kunstvereins, wohl nicht denkbar.

Abb. 1

Hinter dem Vorhang steht die Betrachter*in nun rechter Hand vor einer großen Wand mit Fotoarbeiten in weitmaschiger Petersburger Hängung, die ein Panoptikum von Menschenbildern zeigt. Die Wahl der Fotografie als einzig vertretenem Medium in dieser Ausstellung im DG Kunstraum ist eine bewusste Entscheidung: Dieses Medium ist in besonderer Weise charakterisiert durch seine (scheinbare) Unmittelbarkeit, aber auch durch das Einfrieren von Zeit und Vergänglichkeit und die gesteigerte Präsenz der dargestellten Person. Der französische Philosoph Roland Barthes beschreibt in seinem 1980, also vor dem digitalen Zeitalter, erschienenen Klassiker zur Fototheorie ‚Die helle Kammer' speziell die Wirkung einer Fotografie aus dem Jahre 1889, auf der Barthes' Mutter als fünfjähriges Mädchen zu sehen ist, und schließt daraus, dass dieses Medium das „Wesen" eines Menschen in besonderer Weise wiedergeben könne: „Die Photographie ist, wörtlich verstanden, eine Emanation des Referenten. Von einem realen Objekt, das einmal war, sind Strahlen ausgegangen, die mich erreichen, der ich hier bin; die Dauer der Übertragung zählt wenig; die Photographie des verschwundenen Wesens berührt mich wie das Licht eines Sterns. Eine Art Nabelschnur verbindet den Körper des photographierten Gegenstandes mit meinem Blick: das Licht ist hier, obschon ungreifbar, doch ein körperliches Medium, eine Haut, die ich mit diesem oder jener teile, die einmal photographiert worden ist."[2]

> So stehe ich als Betrachter*in Bildern von Menschen gegenüber, die bei sich sind, sich selbst suchen, in Beziehung stehen, auf ein Gegenüber ausgerichtet sind und sich zuallererst und deswegen selbst befragen. Und ich bin mit ihnen im Dialog und erfahre dadurch den Impuls, mich auch selbst zu befragen...

Der dargestellte Mensch ist ebenso im Fokus wie ich als Betrachtende*r, mit meiner eigenen Persönlichkeit, Geschlechtlichkeit, sexuellen Orientierung, Rolle im Zusammenspiel der Menschen. Der Blick der Betrachter*in ist bei Bildern, die auch nackte Menschen zeigen, fast zwangsläufig auch sexuell geprägt. Von einer Situation des Voyeurismus als Form der Sexualität zu sprechen, trifft insofern kaum zu, da sich die Betrachteten in den Fotoarbeiten bewusst sind, betrachtet zu werden – in der Regel stellten sie sich aus freier Entscheidung für die Mitwirkung an der künstlerischen Arbeit zur Verfügung. Dennoch ist die Blickrichtung von der Betrachter*in zum Bild eine einseitige – obwohl sich eben die Betrachter*in im Bild auch selbst betrachtet und damit betrachtet wird.

> Beginnen wir unseren Gang entlang der Bilderwand an der linken Seite und bewegen wir uns in europäischer Leserichtung weiter nach rechts:

Ulrich Schäfert

Das Paradies

Der Bilderreigen beginnt mit dem Paradies, bevor es verloren geht (oder in dem Moment, da es verloren zu gehen droht), also dem Ursprung, und dort: mit einem Spiel? Oder mit einer Zähmung? Die von Julia Krahn in ‚Eva.Erde zu Erde' gezeigten Bildelemente nackte Frau, Apfel und Schlange eröffnen den Assoziationsraum Paradiesgarten mit Eva, Frucht der Versuchung und Versucher. Hier freilich bleibt die erste Frau souverän und scheint mit den Elementen zu spielen, indem sie auf die Schlange tritt, sie zähmt oder sogar leichtfüßig mit ihr als *Spielgerät* den Apfel rollen lässt. Die Zähmung der Schlange geschieht hier nicht, wie bei den Maria-Immaculata-Darstellungen besonders des 19. Jahrhunderts, als Sieg der *unbefleckten* Reinen über das Böse[3], sondern als souveräner Akt der sich ihrer Nacktheit bewussten, selbstsicheren, in archaischen Erd-Staub gehüllten Frau.

Abb. 2

Der Titel ‚Eva. Erde zu Erde' eröffnet weitere Ebenen: Im Buch Genesis wird „Adam" – Mensch[4] von „Adama" – Erde/Ackerboden abgeleitet. Im Titel der Fotoarbeit schwingt auch das „Erde zu Erde, Staub zu Staub" aus der christlichen Beerdigungsliturgie mit: Die durch den Verlust des Paradieses sterblich gewordenen Menschen kehren in die „Adama" zurück, aus der Gott sie einst geformt hatte.

Die selbstbewusst agierende *Eva* in Julia Krahns Fotoarbeit zeigt die Frau als Gottes Ebenbild, unmittelbar von Gott geschaffen, wie im ersten Schöpfungsbericht ausgedrückt (Gen 1,26 f.), und nicht als Geschöpf zweiter Ordnung aus der Seite Adams, wie im zweiten Schöpfungsbericht erzählt (Gen 2,18–25) und später genderungerecht patriarchal missdeutet wird; durch diese verfälschende Umdeutung trat das Verständnis Evas als Urmutter zurück und wurde durch die patriarchale Deutung Evas als Zweitgeschaffene, Erstverführte, Verführerin des Mannes ersetzt.[5]

Bemerkenswert an der Arbeit von Julia Krahn ist auch, dass Eva hier allein auftritt und gerade in ihrer Eigenständigkeit auch als Gegenüber und Bild Gottes gesehen werden kann. Gerade im Zusammenhang dieser Ausstellung kann dies auch als Diskussionsbeitrag zum Aufbrechen eines binären Verständnisses von Geschlecht verstanden werden. Die Kernstelle Gen 1,26 f. wird für gewöhnlich aus dem Hebräischen übersetzt mit: „Gott schuf also den Menschen als sein Abbild; als Abbild Gottes schuf er ihn. Als Mann und Frau schuf er sie." Diese Aussage wurde herangezogen, um zu begründen, dass die Gottesebenbildlichkeit des Menschen gerade in der Dualität der Geschlechter liegt. Wörtlich übersetzt heißt es aber: „Männlich und weiblich schuf er sie", was auch als Aussage über männliche und weibliche Anteile in einzelnen Menschen

Die Betrachter*in ist im Bild und sehnt sich nach dem Paradies...

verstanden werden kann, die zu seiner Gottesebenbildlichkeit gehören (vgl. hierzu Beitrag von Michael Brinkschröder, S. 182). Interessant ist, dass bereits die Kirchenväter Gregor von Nyssa, Johannes Chrysostomus und Augustinus das Bild Gottes im Menschen in der Seele und nicht in der Dualität der Geschlechter sahen.[6] Versteht man *Seele* dabei ganzheitlich im Sinne des jüdischen Denkens, zu dem Atem, Geist, Leben und auch Geschlechtlichkeit gehören, böte sich hier ein theologischer Ansatz für ein nicht-binäres Verständnis des Menschen in seiner Gottesebenbildlichkeit an.

Theologisch wichtig ist: Der Verlust des Paradieses im ursprünglichen Verständnis des Buches Genesis hat nichts mit der Geschlechtlichkeit zu tun, vielmehr mit der Selbstüberhöhung des Menschen, der wie Gott sein will.[7] Die Folge dieser Selbstüberhöhung ist auch die Erkenntnis der eigenen Nacktheit und das Gefühl der Scham (vgl. hierzu Beitrag von Rainer Hepler, S. 190) sowie der Wegfall der Unsterblichkeit. Bemerkenswert ist, dass die Fruchtbarkeit, zu der die Menschen schon in Gen 1,28 aufgerufen sind, in der Fortpflanzung auch als ein Weg zur Überwindung der (wenn auch nicht der individuellen) Sterblichkeit gesehen werden kann, und so gerade die Geschlechtlichkeit auf das Engste mit dem paradiesischen Urzustand verbunden bleibt.

Das verlorene Paradies

Unmittelbar nach dem Verlust des Paradieses beginnen Neid und Zwietracht zwischen den Menschen um sich zu greifen: Es verhärten sich die Rollenmuster der Menschen, und es wird von Gewalt unter Männern erzählt – so schildert das Buch Genesis in Kapitel 4, wie Kain seinen Bruder Abel ermordet. Interessant ist, dass die Kuratorin ganz intuitiv aus dem inhaltlichen Fokus der Ausstellung heraus diese Hängung entwickelt hat, die sich mit der von der Bibel geschilderten Entwicklung der Menschen zu decken scheint. So hängen an zweiter Position an der Wand die beiden Fotoarbeiten ‚The Epic #1' und ‚The Epic #2' von Pola Sieverding. Die beiden sich im Nahkampf in den Armen liegenden Boxer entsprechen dem überkommenen Männerbild des starken und gewalttätigen Mannes. Der Kampf fließt jedoch organisch über in ein Bild der Nähe und Verbundenheit, in dem auch Homoerotisches mit anklingt. Ist dieses Überfließen in eine scheinbar liebende Nähe nur dem weiblichen Blick der Künstlerin zu verdanken? Als Betrachter*in stehe ich vor der Frage, wo ich in diesem Spektrum meine eigene Position sehe, in dieser von Konkurrenzkampf und von der Sehnsucht nach Nähe geprägten Welt.

Ulrich Schäfert

Abb. 5
Abb. 6
Abb. 7

Wir bleiben beim Männerbild und sehen drei ‚Head Shots' von Aura Rosenberg – Männerköpfe im Moment des Orgasmus (ob dieser nun tatsächlich stattfindet oder nur für das Foto fingiert ist, bleibt offen). Der Moment der größten Potenz ist zugleich der Moment größter Verletzlichkeit. ‚Head Shots' werden in der Portraitfotografie Aufnahmen genannt, die in kontrollierter Umgebung und in engem Bildausschnitt Köpfe zeigen, die direkten Blickkontakt mit der Betrachter*in aufnehmen. Die erregte Situation der Dargestellten aber macht Blickkontakt unmöglich, der Blick geht nach innen und erzeugt doch ungekannte Nähe, da man(n) sich nur im sexuellen Tun dem Partner bzw. der Partnerin in solcher Weise öffnet. Die Betrachtende ist verunsichert ob der Intimität des Gezeigten und ist bei sich, den eigenen Grenzen und dem eigenen Erleben. Rosenberg kehrt hier die Rollenverhältnisse in Bezug auf Gian Lorenzo Berninis Bildikone ‚Verzückung der heiligen Theresa von Avila' in Santa Maria della Vittoria in Rom um: Hier zeigt nicht der männliche Bildhauer die in spirituell-erotischer Ekstase befindliche Mystikerin, sondern die Frau als Fotografin den ungeschützten Mann im Moment der sexuellen Ekstase. Dem Paradies und damit dem Göttlichen scheint der Mensch in diesem kurzen Moment, da er aus der Sterblichkeit heraussteigt, im Zustand größter Erfüllung so nahe, dass die sexuelle Ekstase auch in der Bildgeschichte mit der Darstellung der spirituellen *Unio Mystica* auf das Engste verbunden ist.[8]

Gewalt, Rücksichtslosigkeit, Schuldgefühle – der Mensch ist vom Leben und auch durch gesellschaftliche Erwartungen herausgefordert. Die Religionen bieten dafür Reinigungsrituale, die Bibel schildert im Buch Genesis Kapitel 6 und 7 in drastischen Bildern gar die Sintflut, in der die Welt vom gottlosen Tun des Menschen wieder *reingewaschen* wird.

Abb. 8

Die Fotoarbeit aus der Serie ‚Friday Water' von Benyamin Reich zeigt den Ort Lifta, ein ehemals arabisch-palästinensisches Dorf, westlich von Jerusalem gelegen, das seit 1947 Symbol des Nahostkonfliktes ist, aber eben auch ein wunderschöner, idyllischer Ort zwischen zwei Hügeln, an deren Fuß eine Quelle entspringt. An einem steinernen Becken, in dem das Wasser gestaut wird, treffen sich freitags ultraorthodoxe Juden und vollziehen ein Ritual, das sich „Tevila" nennt und ursprünglich vor dem Betreten des im Jahr 70 n. Chr. zerstörten Tempels in Jerusalem vollzogen wurde. Der heute in Berlin lebende Fotograf, der in einer ultraorthodoxen Gemeinschaft nahe Jerusalem aufwuchs, weist darauf hin, das Ritual erinnere an die „…Wiedergeburt. Darum muss man nackt und mit dem ganzen Körper unter Wasser tauchen. Das ist ein wenig wie die Rückkehr in den mütterlichen Bauch. Und wenn sie wieder aus dem Wasser steigen, dann sind sie eben wie neugeboren."[9] Die Reinigung geschieht in paradiesischer Nacktheit. Und in dieser so konservativen Männerwelt gibt es auch Raum für homoerotische Fantasien und Entdeckungen: Einzelne junge Männer begeben sich gemeinsam in das Unterholz. Und auch die Betrachter*in ist an diesem idyllischen Ort bei ihren Erinnerungen und Fantasien und bei den Konventionen, die diese hemmen.

Die Suche nach der eigenen Identität bestimmt die beiden folgenden Fotografien, die Heranwachsende zeigen: Rineke Dijkstras ‚The Nugent R. C.' führt die Betrachter*in in die verunsicherte und übergängige Zeit der Pubertät und macht deutlich, dass alle apodiktische Sicherheit des Erwachsenen nur Konstrukt ist.

Abb. 9

Der als Grit geborene Harry Hachmeister stellt in der Serie ‚Grit wir kriegen Dich' schonungslos und vielschichtig die Frage nach der Geschlechtsidentität. In der Arbeit ‚Boxer' konfrontiert der Künstler die sekundären Geschlechtsmerkmale der Frau mit der Pose des männlichen Fußballtorwarts bzw. Boxers – wobei der Blick die Betrachter*in unmittelbar in diesen fragenden Prozess miteinbezieht.

Abb. 10

Die erste scheinbar *eindeutige* Darstellung einer Frau nach Krahns *Eva* zu Beginn dieser Bilderfolge scheint das klassische Rollenbild der Frau als Mutter zu bedienen: Julia Krahns ‚Mutter' präsentiert der Betrachter*in in der Pose der liebenden Mutter jedoch eine Leerstelle im Tuch: Die Betrachter*in wird damit auch mit der Frage konfrontiert: Wie sehr gehört es zur Identität der Frau, Mutter zu sein (und wie sehr zu der des Mannes, Vater zu sein)? Die Anspielung auf die christliche Marienikonografie trifft indirekt auch die Entwicklung der Mariendarstellungen im 19. Jahrhundert und frühen 20. Jahrhundert: Hier entstand in der Weiterentwicklung des Typus der Maria Immaculata die Darstellung der Madonna ohne Kind – am einflussreichsten waren sicher die auf Erscheinungen zurückgehenden Darstellungen der Lourdes- und der Fatima-Madonna. Aber während jene eine weltentrückte, entkörperlichte, keusche Jungfrau zeigen (vgl. Fußnote 3), zeigt Julia Krahn eine Frau aus dem Leben, die dem nicht sichtbaren Kind ihre Brust bietet.

Abb. 11

Abb. 12 Unmittelbar drastisch und fleischlich kommt das Bild ‚Vanitas: Flesh Dress for an Albino Anorectic' von Jana Sterbak der Betrachter*in entgegen und steht im Gegensatz zur unprätentiösen und melancholischen Pose der das Kleid tragenden Künstlerin. Das durch die Schlachtung lebender Tiere gewonnene *Material* für das Kleid ist durch die Tötung des Organismus dem unmittelbaren Verfall anheimgegeben und gemahnt so an die Vergänglichkeit alles Lebenden. Zugleich ist die *Fleischbeschau* Anspielung auf die Reduzierung der Frau auf das rein Fleischliche.

In christlichem Kontext kann die Arbeit auch Assoziationen in Richtung der Diskussion über das Verhältnis von „Fleisch" und „Geist" auslösen und hier besonders auf die kritische Haltung Paulus gegenüber allem Fleischlichen: „Ich sage aber: Wandelt im Geist, dann werdet ihr das Begehren des Fleisches nicht erfüllen! Denn das Fleisch begehrt gegen den Geist, der Geist gegen das Fleisch, denn diese sind einander entgegengesetzt, damit ihr nicht tut, was ihr wollt." (Gal 5,16 f.)[10] Die Betonung des Fleischlichen in Sterbaks Arbeit könnte in dieser Richtung auch als ironisch-befreiende Neubewertung verstanden werden. Das auch von anderen Künstler*innen verwendete Motiv des Fleischkleides bekam mit Lady Gagas Auftritt bei den MTV Video Music Awards im Jahr 2010 eine breite popkulturelle Aufmerksamkeit.

Abb. 13

Julia Krahns ‚33MM_Angele' scheint das theologische Gezerre um die *Apostelin der Apostel* und erste Auferstehungszeugin ins Bild zu setzen: Die Gleichsetzung der Maria aus Magdala mit der namenlosen Sünderin, die Jesus die Füße gewaschen und gesalbt hatte – die besonders folgenschwer Papst Gregor der Große (†604) vorgenommen hatte –, veränderte die Einschätzung dieser Frau in der Westkirche: Sie wurde zur *Heiligen, Hure* und *Büßerin* – und so im Grunde zum Urbild der *Femme fatale* für die männerdominierte Kirche. So blieben in der Westkirche nur Männer mit der Ehrenbezeichnung „Apostel" übrig.[11] Offen bleibt bei dieser Arbeit Julia Krahns, ob die Frau hier selbstbewusst und ironisch durch das Männlichkeitssignet „Bart" und die abgebundenen Brüste die Absurdität der Exklusivität der Zugangsmöglichkeit des Mannes zu bestimmten Ämtern und Positionen aufzeigt, oder ob sie sich in einer Transition befindet, also dem Prozess der Anpassung gemäß der eigenen Geschlechtsidentität – in jedem Fall wird ein *gender shift* signalisiert. Dabei gibt es aus dem Spätmittelalter für die weibliche Heilige Kümmernis oder Wilgefortis die Legende, dass diese in der Zeit der Christenverfolgung dadurch vor der Ehelichung mit einem Heiden bewahrt wurde, dass starker Haarwuchs auch im Gesicht einsetzte und sie somit sekundäre männliche Geschlechtsmerkmale annahm – eine Heiligenlegende, die infolge der Überforderung der Menschen durch eine nicht den Konventionen entsprechende Darstellung Christi am Kreuz in einem langen Rock entstand.[12]

Abb. 14
Abb. 15

Die Phobien vor der emanzipierten, gleichberechtigten Frau hat VALIE EXPORT bereits seit den 1960er-Jahren in der Kunst wie keine zweite aufgebrochen. Zwei Fotoarbeiten aus der Serie ‚Identitätstransfer B' (1973) führen der Betrachter*in überholte und schädliche Rollenklischees direkt vor Augen: einmal breitbeinig, in männlicher Kleidung

Die Betrachter*in ist im Bild und sehnt sich nach dem Paradies…

und Überlegenheitspose auf einem Geröllhaufen, und einmal nackt, in der Rolle des *verfügbaren* Opfers, in Anspielung auf eine Vergewaltigung.

Abb. 16

In diese Reihe um Befreiung ringender Frauenbilder ordnet sich eine weitere Fotoarbeit von Benyamin Reich ein: In der Fotografie ‚Kittel' ist in der Darstellung des ultraorthodoxen Mannes in femininer Haltung im reich verzierten rituellen Spitzenhemd das Fließen der Geschlechtergrenzen unmittelbar greifbar. Und der Fotokünstler selbst äußert: „Die Homophobie haben die Juden erst von den Christen gelernt."[13]

Abb. 17
Abb. 19

Die Fotoarbeiten ‚Selbstportrait mit M.' und ‚Selbstportrait mit C.' von Cihan Cakmak, die 1993 in Niedersachsen mit kurdischen Wurzeln geboren wurde, sind autobiografisch motiviert und basieren auf der Reflexion über den Wandel in den eigenen Beziehungen der Künstlerin, der zusätzlich durch ihren kulturellen und religiösen Hintergrund erschwert wurde. Die Themen „Beziehung" oder gar „Liebe" sind in der Zusammenschau dieser Ausstellung, in der ganz der einzelne Mensch im Mittelpunkt steht, nur am Rande mit thematisiert, auch wenn sie implizit immer mitschwingen.

Die Arbeit ‚Selbstportrait mit M.' zeigt eine große Fremdheit von Mann und Frau; beide sind ganz in sich gekehrt. Ein Spiegel signalisiert Selbstbefragung mitten in der eigentlich vertrauten gemeinsamen Nacktheit, wo eine solche eigentlich kaum Raum hat – eine unsichtbare Macht scheint Mann und Frau voneinander zu entfernen. Demgegenüber ist ‚Selbstportrait mit C.' ein wunderschönes Bild der Nähe und Vertrautheit zwischen den beiden dargestellten Frauen. Wo fühle ich mich geborgen und kann mich ganz fallen lassen?

Abb. 18

In der ironisch-grellen Fotoarbeit mit Star-Wars-Zitation ‚Wir wollen keine Gleichberechtigung, wir wollen Rache' zeigt die 1983 geborene Sophia Süßmilch, dass die Diskussion zu Genderfragen bei der jungen Künstler*innen-Generation in einer neuen Phase angekommen, aber noch längst nicht überflüssig geworden ist. Auch als Betrachter*in stehe ich vor der Frage, welche Selbstverständlichkeit diese bei mir selbst erlangt hat und wie sich das in meinem Alltag und meiner Alltagssprache ausdrückt.

Abb. 20

In Jutta Burkhardts ‚Mary' wuchert der Betrachter*in wallendes Haupthaar einer durch die lackierten Zehennägel als ‚Frau' typisierten Person entgegen. Der Titel der Arbeit, der wiederum an Maria Magdalena erinnert, und die Ambivalenz aus gepflegt-provokant roten Zehennägeln und animalisch wucherndem, offenem Haar, lässt die Frau hier wiederum zugleich als *Heilige, Büßerin* und *Sünderin* erscheinen. Unweigerlich stellen sich auch der Betrachter*in Fragen nach der eigenen Geschlechterrolle, dem Umgang mit Körperpflege, Behaarung und auch der Subjektivität von äußerlicher Schönheit.

Alicia Framis begleitet in ihrer Serie ‚Cinema Solo' ihr eigenes, durch Angst vor Übergriffen motiviertes Tun mit gleichsam dokumentarischen Schwarz-Weiß-Fotografien: Als die Künstlerin 1996 allein in einer kleinen Wohnung in einem verrufenen Stadtviertel von Grenoble lebt, behilft sie sich mit einer männlichen Schaufensterpuppe, mit der sie alltägliche Szenen in der Küche, im Wohnzimmer und im Schlafzimmer inszeniert. Ist die Frau ohne den Mann in seiner klassischen Beschützerrolle Freiwild?

Abb. 21
Abb. 22
Abb. 23
Abb. 24
Abb. 25

Im Gegensatz zu den anderen Fotoarbeiten in dieser Ausstellung, bei denen es ein Anliegen ist, die Würde und Identität der Dargestellten hervorzuheben, zeigt Thomas Ruffs Fotoarbeit aus der Serie ‚Nudes' eine Frau von einer aus dem Netz abfotografierten Pornoseite, die bewusst als *Ware* der Pornoindustrie präsentiert wird. Die vom Künstler verschwommen wiedergegebenen Konturen lösen ambivalente Assoziationen aus: Die diffuse Wiedergabe unterstreicht einerseits die Unerkennbarkeit und Entindividualisierung dieser Person, und sie gibt der Person, die auch bei ihrer beruflichen Tätigkeit ein eigenes Leben als Individuum führt, zugleich Schutz. Die Macht, die das Betrachten sexueller Bilder für den Menschen haben kann, beschreibt der slowenische Philosoph Slavoj Žižek mit dieser Beobachtung: „Die *Guardian*-Autorin Eva Wiseman schaute sich einen Film an, in dem gezeigt wurde, wie ein Hardcore-Porno gedreht wird. Wiseman sah, wie ein Mann eine Frau penetrierte. Dann geschah etwas für sie Schockierendes: Der Mann ließ ab und sagte: ‚Sorry, ich habe meine Erektion verloren. Könnt ihr mir bitte mein Handy geben, damit ich kurz auf Pornhub gehen kann, wo ich mir einige schmutzige Hardcore-Bilder anschauen will, um mich zu erregen.' [...] der Mann hatte die Frau und musste auf Bilder ausweichen. Das ist für mich die fundamentale Erfahrung des Scheiterns beim Sex. Du bist mit dem Partner oder der Partnerin nie alleine. Es muss immer Bilder und Fantasien geben."[14] Und Žižek widerspricht der Einschätzung, dass die Frau im Porno zum Objekt gemacht wird: „Das ultimative Paradox an der Pornografie ist übrigens, dass ausgerechnet der Mann zum Objekt wird. [...] das sieht man schon daran, dass man sich beim Porno nicht mit dem männlichen Part identifiziert. Der Mann ist darin ein reines Objekt, er spielt keine Rolle, er ist Sklave, Maschine, er muss es einfach tun [...]. Die Frau hingegen muss alle Zeichen der Lust zeigen. Sie ist es, die subjektiviert ist und deshalb auch – im Unterschied zum Mann – in die Kamera schauen darf. [Aber diese Subjektivität] ist fake. Die Frau ist gezwungen als Subjekt zu agieren – und ist deshalb, weil sie so tun muss, als ob sie es

Abb. 26

Die Betrachter*in ist im Bild und sehnt sich nach dem Paradies...

genießen würde, noch mehr gedemütigt als der Mann, der nur Objekt ist."[15]

Transgender-Menschen lösen immer wieder bei Cis-Personen[16] Aggression und heftige Abwehr aus. In dieser ohnehin herausfordernden und oft überfordernden Welt insistieren konservative Menschen auf die scheinbare Sicherheit, die wenigstens unverrückbare Geschlechterzuordnungen bieten soll. Tejal Shahs ‚Waiting I' und ‚Waiting II' zeigt in zwei Versionen den an eine rosafarbene Wand gelehnten Körper eines Menschen mit flachem Brustbereich und weiblicher Scham – wie diese nach einer Geschlechtsangleichung erscheint. Der Bildausschnitt lässt der Betrachter*in keinen Ausweg und bedingt den harten, unmittelbaren Fokus auf die Scham. Das Weglassen des Kopfes als Kernpunkt der Persönlichkeit löst unterschiedliche Assoziationen aus: Es kann als Hinweis auf die *Verdinglichung* und Abwertung von Trans-Menschen verstanden werden, die gerade in Indien, dem Heimatland der Künstlerin, schlimmster Gewalt ausgesetzt sind. Es kann als Verweis auf die verstärkte Auseinandersetzung von Trans-Personen mit ihrem Körper gedeutet werden. Es kann aber auch als Darstellung der Wahrnehmung von Cis-Personen gesehen werden, die Trans-Menschen immer wieder auf das Außen reduzieren und mit der übergriffigen Frage konfrontieren, ob sie bereits operiert seien, was wiederum zeigt, wie stark das Bedürfnis von vielen Cis-Personen nach einer eindeutigen geschlechtlichen Zuordenbarkeit ist. Dass der Prozess der Suche nach der eigenen Identität eine unausweichliche Herausforderung ist, zeigt mit betroffen machender Wucht auch der von Hunger aufgeblähte Bauch der dargestellten Person, die, auf der Suche nach dieser Identität, selbst Verfolgung und Hunger auf sich nimmt und wartet.

Abb. 27
Abb. 28

Das neue Paradies

Abb. 29

Die Fotoarbeit ‚Arkadischer Jünglingsakt (nach Goethe)' von Harry Hachmeister schließt den Bogen und führt die Sehnsucht nach dem Paradies zu einem Ziel: Vor arkadischer Landschaft ist ein schöner junger Mensch nackt in Rückenansicht zu sehen, wobei wieder der Künstler selbst in die Rolle der Projektionsfigur schlüpft. Johann Heinrich Wilhelm Tischbeins in Frontalansicht lagernder ‚Goethe in der Campagna' ist hier unbekleidet und in Rückenansicht adaptiert und ebenso schutzlos wie ursprünglich auf einer grabmalartigen Tischplatte präsentiert. „Auch ich in Arkadien!" überschrieb Goethe die Erstfassung seiner ‚Italienischen Reise'. Arkadien – antiker, sagenumwobener Ort eines ungezwungenen und ursprünglich lebenden Hirtenvolkes im Süden der Peloponnes und seit der Renaissance ein ideeller Sehnsuchtsort des von Etikette eingeengten Adels, Ort der Befreiung, der Bukolik, der Pastorale, der Schäferspiele im Rokoko, von Goethe und seinen Mitträumern nach Italien verlegt. Dabei seit Giovanni Francesco Barbieris (gen. Il Guercino) und Nicolas Poussins Barockgemälden ein Ort, an dem man trotz aller Idylle dem Tod nicht entgehen kann: „Et in Arcadia ego." Und dann in hedonistischer Umdeutung von „ego" – „ich" schon bei Goethe und bei vielen Italien-Reisenden ins angenehme Leben verkehrt, indem die einzelne Person (vom Tod wird hier nicht mehr gesprochen) als Reisende*r im bukolischen Arkadien sein kann – befreit von allen Konventionen. Dennoch, der Tod bleibt auch in Arkadien anwesend. Also Befreiung ja, auch Einheit mit sich und der Natur, aber eben doch nur Arkadien, mitsamt der Sterblichkeit im Gepäck, und nicht das Paradies als Ort der Unsterblichkeit?

> Die Nacktheit von Harry Hachmeisters ‚Arkadischer Jünglingsakt' eröffnet noch eine weitere Deutungsebene: In dieser ruhenden Haltung wurde in der frühchristlichen Kunst das von der antiken Sage des Endymion geprägte Bild des nackten Propheten Jonas in der Kürbislaube wiedergegeben. Der alttestamentliche Prophet ruht, nachdem er am dritten Tag aus dem Wal zu neuem Leben auferstanden ist – ein zentrales frühchristliches Auferstehungsmotiv und Bild des ewigen Lebens (vgl. hierzu Beitrag von Rainer Hepler, S. 190).

Wo aber ist die Betrachter*in in diesem Bild? Diese kann im Geiste im Bild umherwandern und die dargestellte Person auch von vorne betrachten. Dann erkennt sie, dass hier der Mensch, wie im ersten Schöpfungsbericht gesagt, als Ebenbild Gottes „männlich und weiblich" geschaffen ist, und dass die männlichen und weiblichen Anteile erst in der Identität des Einzelnen ein individuelles Gleichgewicht finden.

> Und damit kann Hachmeisters Jünglingsakt doch Arkadien und das Paradies vereinen: Als Mensch, der in seiner Identität von Gott und den Mitmenschen ganz angenommen ist, wodurch sich die Sehnsucht nach dem Paradies im Hier und Jetzt und – glaubt man an eine Auferstehung der Toten[17] – auf ewig erfüllen kann. Und dies gilt auch für die Betrachter*in, wenn sie diesen Weg zum wiedergewonnenen Paradies mitgehen will…

1. Um ein Gegengewicht zur jahrhundertelangen Marginalisierung anderer geschlechtlicher Identitäten in der Sprache herzustellen, erlaubt sich der Autor dieses Artikels hier – wiederum der Vereinfachung halber – nur den weiblichen Artikel kombiniert mit dem Gendersternchen im Hauptwort für alle geschlechtlichen Identitäten zu verwenden.
2. Roland Barthes, *Die helle Kammer. Bemerkungen zur Photographie*. Übersetzt von Dietrich Leube (Frankfurt am Main: Suhrkamp, 1980), 90 f.
3. Eines der unglücklichsten Missverständnisse bzw. eine der folgenreichsten Umdeutungen der Theologiegeschichte ist sicher die Fehldeutung der Lehrmeinung der „ohne Erbsünde empfangenen Maria" (also Maria selbst wurde von ihren Eltern als gottgefälliges Kind geboren) in „unbefleckte", d. h. sexuell unberührte „Jungfrau" Maria, die ganze Generationen in Gewissensnot stürzte und Nietzsche zu dem Zitat animierte: „Erst das Christentum hat aus der Geschlechtlichkeit eine *Schmutzerei* gemacht: Der Begriff von imm(aculata conceptio) war die höchste seelische Niedertracht, die bisher auf Erden erreicht wurde z. B. – sie warf den Schmutz in den Ursprung des Lebens…" Vgl. Friedrich Nietzsche, Oktober – November 1888 24 [1], in: Giorgio Colli und Mazzino Montinari (Hg.), *Nietzsche. Werke. Kritische Gesamtausgabe*, Abt. VIII, Bd. 3: Nachgelassene Fragmente. Anfang 1888 bis Anfang Januar 1889 (Berlin/New York: De Gruyter, 1972), 440. Dass das im Lukasevangelium genannte Hoheitsmotiv der Jungfrauengeburt sich mit der am Beginn des Matthäusevangeliums genannten Herleitung der Abstammung Jesu aus dem Hause David über (seinen Vater) Josef widerspricht, zeigt, dass beide Aussagen einfach nur die Besonderheit des neu geborenen Jesus-Kindes hervorheben wollen und hierfür zwei unterschiedliche, in der Antike gängige Hoheitsmotive genutzt wurden.
4. Erst nach der Erschaffung Evas im zweiten Schöpfungsbericht (Gen 2,18–25) wird Adam auch als Bezeichnung für den ersten „Mann" verwendet.
5. Regine Ammicht-Quinn, Artikel „Geschlechterbeziehung, Geschlechterrollen", in: *Lexikon für Theologie und Kirche*, Bd. 4 Franca – Hermenegild (Freiburg: Herder, 2006), 570.
6. Michel Foucault, *Die Geständnisse des Fleisches. Sexualität und Wahrheit 4* (Berlin: Suhrkamp, 2019), 257. Vgl. Augustinus, Aurelius, *De Genesi ad litteram*, III, 22.
7. Renate Brandscheidt, Artikel „Sündenfall", in: *Lexikon für Theologie und Kirche*, Bd. 9 San–Thomas (Freiburg: Herder, 2006), 1132 f. Freilich nehmen Kirchenväter oftmals durchaus eine schwierige Haltung zur Sexualität und besonders zur sexuellen Lust ein, etwa Augustinus, der sexuelle Lust als Folge der Erbsünde und diese nur in Verbindung mit den Ehegütern (Kinder, Treue, Unauflöslichkeit) als statthaft betrachtete. Vgl. Antonellus Elsässer, Artikel „Geschlechtlichkeit", in: *Lexikon für Theologie und Kirche*, Bd. 4 Franca – Hermenegild (Freiburg: Herder, 2006), 572 f.
8. Vgl. hierzu: die Artikel von Giovanni Careri, Joris van Gastel und Joseph Imorde, in: Frits Scholten, Gudrun Swoboda und Stefan Weppelmann (Hg.): *Caravaggio und Bernini. Entdeckung der Gefühle* (München: Prestel, 2019), 56–87.
9. Benyamin Reich, „Die Homophobie haben die Juden erst von den Christen gelernt", Interview: Ruben Donsbach, in: *Zeitmagazin Online*, 27. Dezember 2017, 20:04 Uhr, https://www.zeit.de/zeit-magazin/leben/2017-12/benyamin-reich-fotograf-israel-judentum-orthodoxe [Stand: 19. Februar 2021].
10. Diese Aussage, in der es Paulus in erster Linie um die innere Freiheit des Menschen geht, wurde stark im Sinne von Leibfeindlichkeit rezipiert.
11. Nachdem auch die „Junia", die in Röm 16,7 als Apostelin bezeichnet wird, in späteren Versionen und Übersetzungen zum „Junias" verändert worden war.
12. Bemerkenswert ist im Kontext der Genderdiskussion, dass die fiktive Volksheilige Kümmernis oder Wilgefortis aus einer Überforderung der Menschen durch eine Durchbrechung der Rollenkonventionen entstand: In ganz Europa gab es im Spätmittelalter Nachbildungen des wohl im 11. Jahrhundert entstandenen Kruzifixes ‚Volto Santo von Lucca'. Dieses zeigt den gekrönten, in eine lange, gegürtete Tunika gekleideten Heiland, eine Kleidungsform, die auf den oströmischen Kaiserrock zurückgeht. Da es der Sehgewohnheit diametral widersprach, dass ein Mann einen Rock trug, entstand sekundär zur Bereinigung dieser Verunsicherung die Legende der Heiligen.
13. Benyamin Reich, „Die Homophobie haben die Juden erst von den Christen gelernt", Interview: Ruben Donsbach, in: *Zeitmagazin Online*, 27. Dezember 2017, 20:04 Uhr, https://www.zeit.de/zeit-magazin/leben/2017-12/benyamin-reich-fotograf-israel-judentum-orthodoxe [Stand: 19. Februar 2021].
14. Slavoj Žižek, „Im Grunde genommen ist Sex eine Katastrophe", in: *Süddeutsche Zeitung*, Nr. 12, 16./17. Januar 2021, 17.
15. Ebd.
16. Die Begriffe „cisgeschlechtlich", „cisgender" oder „cis" (lat. „cis-": diesseits) beschreiben Menschen, die sich dem Geschlecht zugehörig fühlen, das ihnen bei der Geburt zugewiesen wurde. Sie erleben häufig eine Übereinstimmung zwischen ihrem Körper und ihrer Geschlechtsidentität. Cisgeschlechtlichkeit wird in unserer Gesellschaft als „normal" angesehen, und cisgeschlechtliche Menschen genießen gesellschaftliche Vorteile, wie zum Beispiel, sich nicht erklären zu müssen oder ohne Angst Umkleidekabinen in öffentlichen Bädern nutzen zu können. Regenbogenportal: Cis, cisgeschlechtlich. *Bundesministerium für Familie, Senioren, Frauen und Jugend*, ohne Datum [Stand: 2. März 2021].
17. Der christliche Glaube an eine *Auferstehung der Toten* entspricht dem ganzheitlichen jüdisch-christlichen Menschenbild: Der Mensch ist eine untrennbare Einheit von Leib und Seele und ist erst in dieser Ganzheitlichkeit, zu der auch die Körperlichkeit gehört, ganz Mensch. Entsprechend geht auch der christliche Glaube an ein Leben nach dem Tod davon aus, dass der Mensch in verwandelter Form wieder eine Einheit aus Leib und Seele sein wird. Vgl. Gisbert Greshake, Artikel „Auferstehung der Toten. VI. Systematisch-theologisch", in: *Lexikon für Theologie und Kirche*, Bd. 1 A – Barcelona (Freiburg: Herder, 2006), 1204–1206.

Désirée Düdder-Lechner   **Paradise Lost #gender shift**

Zum Filmprogramm im BBK, Galerie der Künstler, München

Der Begriff *gender shift* beschreibt jenen maßgeblichen wirtschaftlichen wie gesellschaftlichen Wandel, der mit einem Überdenken klassischer Rollenmuster sowie dem dadurch bedingten Aufbrechen von Geschlechterstereotypen einhergeht. Der Bedeutung von Geschlechterrollen in unserem künftigen Miteinander wird dabei ebenso viel Wert beigemessen, wie der Reaktion des Individuums auf die Möglichkeit, sich je nach Lebensphase und Gefühl einer anderen Geschlechtsidentität anschließen zu können.[1] Hintergrund ist die Annahme, dass gerade in Zeiten sozialer Medien, die jedem den Zugang zu einer unmittelbaren Form der Öffentlichkeit als Bestimmung über die Präsentation und den Ausdruck des Selbst bieten, vieles möglich scheint. Jeder kann alles sein – doch kann jeder alles sein?

> Diesen Gedanken reflektieren ausgewählte künstlerische Positionen, die als eigenständiges Filmprogramm in der Galerie der Künstler (BBK) die Ausstellung ‚Paradise Lost #gender shift' im DG Kunstraum München und die Platform als Ort des Austausches ergänzen. Besonders im gesellschaftspolitischen Umbruch Ende der 1960er Jahre bot das Video als neu aufkommendes (Bewegt-)Bildmedium die Möglichkeit, sich unbelastet von gesellschaftlichen wie institutionellen Normen künstlerisch auszudrücken.[2] Ihre große Chance, Videotechnik mit deren eingeschriebenen Selbstreflexivität zum Ausdrucksmittel der eigenen Anliegen zu machen, erkannten damals die nach Emanzipation strebenden Künstlerinnen. Die technische Struktur offerierte einen eigenständigen Umgang sowie die Loslösung des Frauenbildes vom männlichen Blick, der gerade im Film bis dahin vorherrschend gewesen war. Videopionierinnen wie Ulrike Rosenbach, die in einem ihrer bekanntesten Werke mit Pfeil und Bogen auf ein mittelalterliches Madonnenbildnis als Inbegriff des über Jahrhunderte tradierten christlichen Idealbildes zielte, begannen durch die eigene Bildproduktion klassische Stereotypen zu unterwandern und zu ersetzen.[3]

Dass dieses Bestreben selbst mit der Entwicklung zum computerbasierten Bewegtbild mehr als fünfzig Jahre später wenig an Aktualität eingebüßt hat, zeigt der Konsens unserer Vorstellungen: In jüngerer Zeit mehren sich neben Mediendiskursen[4] Artikel und Blogeinträge, die jene Individualität als Schein-Pluralität entlarven, die in einer selbst gewählten Öffentlichkeit ihren Ausdruck zu finden beansprucht. In sich immer wiederholenden und gegenseitig reproduzierenden Bildklischees herrschen stattdessen seltsame, Sicherheit suggerierende Anpassungen an unausgesprochene Regeln der Selbstdarstellung vor.[5] Die massenmedialen Bildschirme im Sinne der Lacan'schen Spiegelfunktion der Medien dienen noch immer der Versicherung, der Reproduktion und Reflexion von Selbstbildern, womit sie nichts vom antiken Mythos des Narziss einbüßen.[6] Und spätestens mit dem Wissen darüber, dass für den *gender* der sogenannte *female shift* grundlegend war, manifestiert sich endgültig das tragende Gewicht der Künstlerinnenperspektive für die Gesellschaft. Bewusst im Filmprogramm von ‚Paradise Lost #gender shift' in großer Zahl und kultureller Diversität vertreten, wird ihnen jene Bedeutung zuteil, wie Künstler sie unlängst erfolgreich eingefordert haben: „Die Feminismusbewegung von einst schlägt eine neue Richtung ein. Sie zielt auf Selbstbestimmtheit ohne Zwänge von Rollenerwartungen und gesellschaftlichen Restriktionen, auf wirtschaftliche Gleichstellung sowie eine faire Organisation von Haus- und Familienarbeit. Anhänger des *New Feminism* sind längst nicht mehr nur Frauen, sondern auch Männer und Menschen, die nicht ins Mann/Frau-Schema passen. Noch nie hat die Tatsache, ob jemand als Mann oder Frau geboren wird und aufwächst, weniger darüber ausgesagt, wie Biografien verlaufen werden."[7]

Letzteres offenbart das Beispiel der teils illegal in die USA eingewanderten mexikanischen Frauen, die Cyrill Lachauer für seinen Film ‚Full Service' (2014) portraitierte. Während sie in der Hoffnung auf ein besseres Leben für sich selbst und ihre Familien in der Heimat nach Las Vegas fliehen, sehen sie sich alsbald nicht mit dem schnellen Geld, sondern als Prostituierte mit dem Scheitern ihres amerikanischen Traums konfrontiert. In ihrer Abhängigkeit leisten sie für das marode amerikanische System als Tagelöhnerinnen einen gesellschaftlichen Beitrag und, wie in anderen Kulturen häufig der männlichen Rolle übertragen, bieten sie ihren Familien trotz allem eine finanzielle Sicherheit.

Abb. 35

Ein solches Spannungsverhältnis von Erwartungen und Pflichten, von Stärke und Schwäche, ebenso wie die Frage, wie sich Geschlecht konstituiert und welche Freiheiten mit der Geschlechtlichkeit verbunden sein können, thematisieren auch Yalda Afsah und Ginan Seidl in ihrem einfühlsamen Portrait einer „Bacha Posh". Diese im Buch *Afghanistans verborgene Töchter* der schwedischen Journalistin Jenny Nordberg ausführlich beschriebene kulturelle Praxis, bei der Kinder, die als Mädchen geboren werden und damit als mit einem Makel behaftet gelten, von Kindesbeinen an als Jungen gekleidet und in deren sozialen Rolle und Funktion aufwachsen, wird bewusst von der Gesellschaft unter dem Deckmantel der Verschwiegenheit geduldet. Dabei leben die Mädchen bis zu ihrer oftmals nicht unproblematischen Rückverwandlung kurz vor der Pubertät mit den gleichen Freiheiten und Pflichten eines Jungen.

Abb. 40

Dass ein Verlassen der Rolle neben Freiheit und Chance allerdings ein großes Wagnis sein kann, wird in der Arbeit ‚Untitled (on Violence)' der indischen Künstlerin Tejal Shah besonders deutlich. Ausgehend vom Konzept des Eros und Thanatos als Sinnbild der Dualität zwischen Männlichkeit und Weiblichkeit, führt die Installation den Rezipient*innen vor Augen, wie die indische Gesellschaft auf die Hijra-Gemeinschaft als definiertes Miteinander für Transgender- und intersexuelle Personen blickt. Mit Hilfe des Zeugnisses einer Hijra-Frau, die von einem Polizisten in Zivil vergewaltigt wurde, macht Shah auf Gewalt gegenüber dem Non-Binären als anerkanntem dritten, doch sozial äußerst niedrig gestellten und diskriminierten Geschlecht in ihrer Kultur auf eindringlich drastische Weise aufmerksam, um schließlich abweichende Lebensweisen, wie die eigene, bekannt und durch den Abbau von Vorurteilen leichter zu machen.[8]

Abb. 41

Abb. 34 Auch das Werk des Künstlerinnenkollektivs HAVEIT, bestehend aus den Geschwisterpaaren Alketa und Arbërore Sylaj sowie Hana und Vesa Qena, ist durch eine vergleichbare politische Intention motiviert. So, wie sie in der medienwirksamen Aktion ‚Use Your Mouth' am Valentinstag 2014 in Schweden ein Zeichen für die immer noch gesellschaftlich geächtete gleichgeschlechtliche Liebe setzten, hinterfragen sie in ihren Performances und Aufführungen grundlegend Missstände, Moralvorstellungen und festgefahrene Denkmuster, was auch die Fragen nach Identität und Gender umfasst.

Diesen Fragen stellt sich genauso Susanne Wagner in einer Verkehrung der Geschlechterklischees: In ihrer Videoarbeit ‚Kristijan' löst ein auf Salat gebetteter und mit Soße übergossener Mann die sündhafte Frau als Lustobjekt ab. Demgegenüber wird die überlebensgroße Plastik in Form einer Faust als männliche Geste der Stärke durch den minimalen Eingriff lackierter Nägel zum Motiv einer feministischen, das Klischee der schwachen Frau unterlaufenden Revolution.

Abb. 38
Abb. 39

Ergänzt wird die Ausstellung mit jüngsten künstlerischen Beiträgen, die durch eine Ausschreibung an der Akademie der Bildenden Künste München generiert werden konnten. Den Themenkomplex runden neue Videoarbeiten von Sophia Süßmilch und Domino Pyttel ab, die in diesem Raum auch zu Performances einladen. Im Sinne des „performativen Modells" der non-binären Philosophin und Gender-Theoretikerin Judith Butler[9] nutzen die beiden Künstlerinnen ihn als ihren Handlungsrahmen, um ihm ihre Erfahrungen mit der eigenen Rolle in Form von Dokumentationen einzuschreiben. In spielerischen, bis plakativ provokanten, das anmutige Frauenbild konterkarierenden Entfesselungen des Selbst, einer nackten bis animalischen Transformation,

Abb. 42
Abb. 43

befragt jede der beiden Künstlerinnen auf ihre Weise das Selbst im Verhältnis zur Welt und den anderen. Dabei wissen Pyttel und Süßmilch der rhetorisch wie visuell optimierten Scheinwelt sozialer Plattformen wie Instagram ein klares Statement entgegenzusetzen, das zuweilen vielleicht ein Schmunzeln hervorzurufen vermag, ganz sicher aber auch schmerzlich und nicht immer leicht auszuhalten ist.

‚Paradise Lost #gender shift' verhandelt im Filmprogramm so – von der individuellen Entscheidung (Sex-Design), über die Befreiung der Sprache oder Berufswelt von Geschlechtervorgaben, bis hin zum *global shift* – unterschiedliche aktuelle Facetten der Chancen und Herausforderungen des Menschseins. Die dem Medium Film inhärente Zeitlichkeit pointiert visuell die angestoßenen Wandlungsprozesse, gibt jedoch keine eindeutigen Antworten. Vielmehr liegt, ausgehend von einem selbst in der christlich-theologischen Lehre angeregten Perspektivwechsel[10], der Mut in der Hinterfragung der eigenen Sichtweisen. Durch Künstlerhand wird sichtbar, was unseren Augen (noch) verborgen scheint. Indem wir hinsehen, sind wir gefordert, lange tradierte, medial reproduzierte Bilder über deren eigene Mechanismen und Medienformen zu ergänzen oder am Ende gar durch neue zu ersetzen. Erkenntnis als schmerzliche Erfahrung oder als Zauber des Neubeginns: Paradise Lost? Nicht zwangsläufig für immer.

1 Siehe „Female Shift: Die Zukunft ist weiblich", *Zukunftsinstitut*, Megatrend Dokumentationen 2012, https://www.zukunftsinstitut.de/artikel/die-zukunft-ist-weiblich-megatrend-female-shift/ [Stand: 5. Februar 2021]. Hier heisst es: „Dieser Megatrend manifestierte sich in unterschiedlichen kulturellen Kontexten und Zeitabläufen auf unterschiedliche Art und Weise, und seine Auswirkungen sind heute schon wesentlich extremer, als es die alten Vorkämpferinnen voraussehen konnten. Denn der „Megatrend Frauen" ist natürlich nicht auf die Frauen beschränkt, sondern verändert Gesellschaften auf vielen verschiedenen Ebenen. Lebens- und Arbeitswelten, Familien, Karrieren, Krieg und Frieden sind nicht mehr dasselbe wie zuvor, weiße und schwarze, hetero- und homosexuelle, männliche und weibliche Menschen leben und lieben jetzt schon anders."

2 Yvonne Spielmann, *Video: Das reflexive Medium* (Frankfurt am Main: Suhrkamp, 2005), 243–244.

3 Inke Arns, „Soziale Technologien. Dekonstruktion, Subversion und die Utopie einer demokratischen Kommunikation", *Medien Kunst Netz*, 2004, http://www.medienkunstnetz.de/themen/medienkunst_im_ueberblick/gesellschaft/ [Stand: 25. Februar 2021].

4 Man denke z. B. an die Diskussion zum *Gender Gap* bei Wikipedia (z. B. Berichte von Beate Frasl, „Männer unter Männern über Männer: Der Gender-Gap auf Wikipedia", *Der Standard*, 23. Februar 2021, https://www.derstandard.de/story/2000124391223/maenner-unter-maennern-ueber-maenner-der-gender-gap-auf-wikipedia. [Stand: 23. Februar 2021]

5 Siehe z. B. unter *German Panda*: „Jemand zeigt, dass die Fotos auf Instagram alle gleich aussehen", *Bored Panda*, August 2018, https://www.boredpanda.com/social-media-fotos-identisch/?utm_source=google&utm_medium=organic&utm_campaign=organic [Stand: 15. Februar 2021].

6 Rosalind Kraus, „The Aesthetics of Narcissism", *October 1* (Frühjahr 1976): 50–64, hier 50.

7 „Gender Shift Glossar", *Zukunftsinstitut*, nicht datiert, https://www.zukunftsinstitut.de/artikel/mtglossar/gender-shift-glossar/ [Stand: 5. Februar 2021].

8 Maya Kóvskaya: „A Cry from the Narrow Between: Eros and Thanatos in the Works of Tejal Shah and Han Bing", *Yishu – Journal of Contemporary Chinese Art* 9, Heft 6 (November 2010), 6–19, hier 8–10.

9 Vgl. hierzu die Schriften Judith Butlers, so ihre bekannteste Publikation *Das Unbehagen der Geschlechter* (Frankfurt am Main: Suhrkamp, 2003).

10 Vgl. dazu z. B. Untersuchungen von Ulrike Auga, Juniorprofessorin für Theologie und Geschlechterstudien, die über die Wirkungs- und Rezeptionsgeschichte deren Auswirkung auf das Verständnis von Geschlecht in der Religions-, Philosophie- und Geistesgeschichte neu befragt.

Tabea Hopmans — Lasst uns über Gender sprechen

Der Safe Space in der PLATFORM München

Der Diskurs um Sexualität und Geschlechtlichkeit ist in den vergangenen Jahrzehnten immer mehr in den Fokus unserer Gesellschaft gerückt. In der heteronormen binären Auffassung von Geschlecht, welche jahrhundertelang unsere Gesellschaft und deren Ordnung dominierte, hat sich ein *shift* vollzogen. Dieser Verschiebung des Verständnisses von Geschlecht(lichkeit), Sexualität und vor allem Identität hat die DG Deutsche Gesellschaft für christliche Kunst nun ein Ausstellungsprojekt mit dem Titel ‚Paradise Lost #gender shift' gewidmet. Als zweiter Kooperationspartner neben dem BBK Berufsverband Bildender Künstlerinnen und Künstler ergänzt die PLATFORM den künstlerischen Fokus der Ausstellung mit einer möglichst breiten und inklusiven Programmatik, welche zu offenen Gesprächen über genderbezogene Themen einlädt.

PLATFORM – Ein Safe Space für den Gender-Diskurs

Eine industriell anmutende Ausstellungshalle in einem dezentralen Stadtteil Münchens. Beim Betreten der Halle lässt der erste Eindruck eher eine zeitgenössische Installation[1] als einen Ort der Informationen, des Austauschs und vor allem der Sicherheit rund um das Thema Gender vermuten. Durch die mit bunter Folie beklebten Fenster scheint die Sonne und taucht den Raum in die Farben des Regenbogens, welche durch zusätzliche taktisch gesetzte Lichteffekte verstärkt werden. Den Platz in der Mitte des Raums nehmen Gymnastikbälle in verschiedenen Ausführungen ein, die immer von einem beweglichen Möbel begleitet werden und mit Büchern und thematisch passenden Objekten gefüllt sind. Zwischen den Bällen findet man auf mobilen Displayflächen detailreich gestaltete kleine Heftchen, sogenannte *Zines*, welche die persönlichen Geschichten ihrer Kreatoren mit feministischen Themen erzählen. Die Leichtigkeit und Beweglichkeit dieser Szenografie wird kontrastiert von einem wohnzimmerartigen Setting an der Stirnseite der Halle: Auf einem flauschigen Teppich befinden sich zwei zueinander ausgerichtete Sitzmöbel, die zum Verweilen einladen. Nahe dem Wohnzimmer befindet sich ein weiteres mobiles Display, auf dem zusätzlicher relevanter Lesestoff abgerufen werden kann, wie das Missy Magazin[2], thematisch passende Comics oder das Werk ‚Gender Trouble'[3] von Judith Butler. Die Wand hinter dem Wohnzimmer ist mit einem Stoff verdeckt, der ebenfalls mit den bunten Farben und runden, an Bälle erinnernden Ausschnitten spielt – eine extra für die PLATFORM angefertigte Version des von Katharina Gaenssler für die Ausstellung gestalteten Stoffes, der so die drei Ausstellungsorte miteinander verknüpft.

Doch wie will dieses Raumkonzept einen relevanten Beitrag zum Gender-Diskurs beisteuern? Wie soll der als Safe Space angedachte Raum in der PLATFORM in der Ausstellungsdauer vom 5. Mai bis zum 26. Juni 2021 der Breite, Tiefe und Wichtigkeit der Gender-Thematik gerecht werden? Und warum sollten – oder besser gesagt müssen – wir uns eigentlich mit dem Thema Geschlecht und Gender und dem Wandel, den diese Konzepte durchlaufen, auseinandersetzen? Genau diese Fragen reizen das kuratorische Team um die drei PLATFORM-Volontär*innen Lotte van den Hoogen, Tabea Hopmans und Björn Bock. Mit dem Wissen um die Sensibilität des Themas und die Unmöglichkeit, innerhalb von sieben Wochen das Thema Gender in seiner Vollständigkeit abzudecken, entstand ein Raum, der genug Platz für die verschiedenen Aspekte, Meinungen und Informationen bietet, die sich unter *gender shift* zusammenfassen lassen. Als Pendant zu dem künstlerischen Fokus der Ausstellung im DG Kunstraum und der Galerie der Künstler (BBK) ist das Ziel der PLATFORM, die Komplexität, Vielstimmigkeit sowie den stetigen Entwicklungsprozess innerhalb des Gender-Dispositivs bis hin zu tagesaktuellen und konkreten Veränderungen in Bezug auf die gesellschaftliche Wahrnehmung und das Verständnis von Geschlechtlichkeiten zu thematisieren.

Warum wir über Geschlechtlichkeit und Gender sprechen müssen

Dass sich der Begriff „Geschlecht" auf den biologischen und „Gender" auf den soziologischen Aspekt bezieht, ist lange keine Neuheit mehr. Wo sich die Unterscheidung von weiblich und männlich auf Grundlage biologischer Eigenschaften unter dem Begriff „Geschlecht" zusammenfassen lässt, fallen unter „Gender" alle kulturellen Normen und Werte, mit denen man sich als Individuum identifizieren kann und die so die eigene Gender-Identität bestimmen.[4] Simone de Beauvoir stellt schon in ‚Das andere Geschlecht' (1949)[5] fest: „[M]an kommt nicht als Frau zur Welt, man wird es".[6] Mit diesen Worten verweist sie auf ebenjene gesellschaftliche Zuschreibung von Genderrollen, welche auf Basis des Geschlechts vorgenommen und durch den patriarchalen Diskurs konstruiert wurden. Im Kontext dieser Genderrollen stehen die heteronormativen Kategorien von Mann und Frau in einer Geschlechterhierarchie zueinander, die den Mann als Norm versteht. So sind Strukturen entstanden, die sowohl die Diskriminierung von Frauen und anderen Minderheiten aufgrund von Körper, Sexualität oder Gender-Identität möglich machten, als auch die Menschen in ihrer Freiheit und Identität einschränkten, um in diese Genderrollen zu passen. Das patriarchal

Paul Adie

no naw, 2019 — 31
Ring, 3,7 × 2,5 × 4 cm
Aluminium, Feinsilber, Farbe
why?, 2019 — 32
Ring, 3,7 × 3,7 × 3 cm
Aluminium, Feinsilber, Farbe
cockring, 2019 — 33
Ring, 2,5 × 3,7 × 4 cm
Aluminium, Feinsilber, Farbe

gestaltete Gesellschaftsbild von Geschlechtlichkeit und Gender wurde über die Jahre stetig repliziert und im Diskurs verfestigt.[7] Doch dieser Gender-Diskurs und die darin verankerte, sozial konstruierte Hierarchie wurden seit Mitte des 19. Jahrhunderts mit der ersten Welle des Feminismus und der Emanzipation der Frau bis heute immerfort hinterfragt, zu Teilen dekonstruiert und durch neue Gender-Identitäten erweitert. Durch die langen und anstrengenden Bemühungen des Feminismus, den Gender-Diskurs nachhaltig für eine gleichberechtigte Gesellschaft zu verändern, haben wir in den letzten Jahrzehnten einen grundsätzlichen gesellschaftlichen Wandel erlebt, der eine neue Toleranz gegenüber Frauen und allen aufgrund ihrer Sexualität oder Gender-Identität diskriminierten Gruppen ermöglicht.

Trotz dieses Fortschritts führen Themen wie Feminismus, Gender-Diversität und die Gleichberechtigung von Minderheiten aller Art immer noch zu hitzigen Diskussionen in der Gesellschaft. So spricht Carolin Emcke im Vorwort zu ‚Gegen den Hass' von dem Phänomen einer fiktiven Obergrenze an Toleranz.[8] Jene, die ihre Privilegien durch das neue Verständnis von Gender angegriffen und umverteilt sehen, äußern häufiger Unbehagen und verlangen „stille Zufriedenheit" für die Gleichberechtigung, die beispielsweise Frauen oder Homosexuellen schon entgegengebracht werde. Das zeigt, dass wir zwar schon einen großen Schritt in Richtung Diversität und Gleichberechtigung gemacht haben, jedoch noch lange nicht am Ziel sind. Aus diesem Grund ist es notwendig, sich weiter mit dieser Thematik auseinanderzusetzen. Wir müssen die bisher fortschrittlichen Veränderungen in Richtung Gleichberechtigung in der Gesellschaft verfestigen, bestehende diskriminierende Strukturen kritisch hinterfragen und neuen Formen und Entwicklungen im Bereich Gender-Identität mehr Raum im Diskurs einräumen. Viel wichtiger ist aber, die Menschen zu dem Thema dort abzuholen, wo sie stehen, und mit mehr Informationen zu versorgen, um Vorurteilen und Diskriminierung vorzubeugen.

Die PLATFORM als Beitrag zum Gender-Diskurs

Als einen Ort, wo ein solcher Beitrag zum Gender-Diskurs stattfinden kann, versteht sich die PLATFORM im Rahmen des Ausstellungsprojektes ‚Paradise Lost #gender shift'. Über Monate hinweg hat sich das PLATFORM-Team der Mehrschichtigkeit und den verschiedenen Aspekten der Gender-Thematik durch Diskussionen und Recherchen genähert. Mit viel Bedacht und der Sensibilität und Wichtigkeit des Themas im Hinterkopf haben wir uns letztendlich für eine Auswahl von fünf Unterthemen entschieden, die wegweisend für die Ausstellungsszenografie, das Informationsangebot und das begleitende Rahmenprogramm der PLATFORM geworden sind. Dabei steht keines der Themen allein, sondern sie sind alle miteinander verknüpft und nehmen Bezug aufeinander.

Vor dem Hintergrund der körperlichen Unterschiede und den damit behafteten sozialen Stereotypen wurde Körper eines der zentralen Themen unseres Projekts. Für uns trägt die Darstellung und Beschäftigung mit dem Körper, dessen Abweichungen von der gesellschaftlichen Norm und das daraus entstehenden neue (Körper-Selbst-)Bewusstsein, wie der Body Positivity oder der Body Neutrality, ausschlaggebend zur Gender-Thematik bei. Dabei stehen vor allem das Hinterfragen und Ausleben der eigenen Sexualität, das Verlangen nach Körperlichkeit sowie das Beleuchten politisch kritischer Aspekte, darunter das grundsätzliche Stigma, mit welchem Körper behaftet sein können, im Vordergrund. Die Befreiung von diesen Normen steht im Zusammenhang mit der Forderung nach Gleichberechtigung, welche wir mit Feminismus verbinden. Wir fassen Feminismus weiter auf als die Bewegung gegen den männlichen Sexismus und die Emanzipation der Frau[9], nämlich als den theoretischen und aktivistischen Rahmen, der als Grundlage zur Gleichberechtigung aller Menschen dient. Vor allem in der Zeit der Intersektionalität, in der die Grenzen zwischen den Gründen zur Benachteiligung und Diskriminierung verschwimmen[10], wird Feminismus immer wichtiger, um traditionelle Muster der Gesellschaft gemeinsam anzufechten und neue zu etablieren. In diesem Kontext haben wir uns intensiv mit der LGTBQ*-Bewegung und allen damit verbundenen Gender-Identitäten und -formen auseinandergesetzt und versucht, alle Menschen, die sich nicht als cisgender[11] bezeichnen, sichtbar zu machen. Trotz Zweifeln an unserer eigenen politischen Korrektheit und der Sorge, anmaßend zu werden, ist es elementar, die Begriffe, die zugrundeliegenden Identitäts-Konzepte und vor allem die Menschen, die dieser Community angehören, zum Teil des Ausstellungskonzepts zu machen und so das Verständnis von Geschlecht zu erweitern. Wir finden es beim Thema Gender auch wichtig, die Rolle der Männer in der Gesellschaft zu diskutieren. Im Gender-Diskurs wird die Rolle des Mannes häufig und gerne als Fundament des patriarchalen Systems und damit als Wurzel der Diskriminierung der anderen zugeschrieben. Doch genau wie die Rolle der Frau sozial konstruiert ist, sind Männer mit sozialen Erwartungen von Männlichkeit und dem damit einhergehenden Druck der Gesellschaft konfrontiert. Feminismus ist auch eine Chance für Männer, die stereotype Männlichkeit zu hinterfragen und

Paul Adie, why?, 2019

somit Freiheiten in Bezug auf die eigene Identität zu erlangen.[12] Zudem sollten Gleichberechtigung und der nachhaltige Wandel der Gesellschaft eine gemeinsame Aufgabe sein, die deswegen auch die Unterstützung der Männer braucht. In diesem Wandel wird die *Sprache* zu einem wichtigen Instrument, da sich Menschen über Sprache definieren, sich und ihre Identität ausdrücken und so zum Diskurs beitragen können. Sprache öffnet das Tor zur Diversität, wie man an den anhaltenden Diskussionen über gendergerechte Sprache sehen kann. Für uns Menschen ist die Sprache ein so wertvolles Instrument, um etwas zu verändern, dass auch sie im Ausstellungskonzept der PLATFORM nicht unerwähnt bleiben kann und darf.

Gemeinsam bilden diese fünf Unterthemen das Gerüst, auf dem die Raumgestaltung, das Informationsangebot und das ergänzende Rahmenprogramm der PLATFORM aufgebaut ist. Jeder Gymnastikball in der Ausstellung steht stellvertretend für eines der Themen und bietet den Besucher*innen mit dem zugehörigen Informations-Möbel Lesematerial, multimediale Beiträge und passende Objekte zu jedem der Themen an. Gleichzeitig bildet die beweglich konzipierte Szenografie die Verschränkung und Fluidität aller Themen ab, während punktuell mit einem Augenzwinkern mit stereotypen Farben und Motiven gespielt wird. Der Raum ist genau wie alle Aspekte des Gender-Themas als Ganzes zu sehen und lädt mit seiner symbolischen Bedeutung und dem Informationsangebot Besucher*innen zum Stöbern, zum Nachdenken und zum Austausch mit anderen ein. Weiterführend haben wir für eine ausführlichere Auseinandersetzung mit den fünf Unterthemen ein umfassendes Rahmenprogramm entworfen: Je eine der Ausstellungswochen ist einem der fünf Unterthemen gewidmet und bietet informative Vorträge und spannende Workshops für jede*n Interessierte*n.[13] Eine weitere wichtige Themenwoche fokussiert ‚Kunst & Gender', wodurch der Bogen zum künstlerischen Part der Ausstellung im DG Kunstraum und der Galerie der Künstler geschlagen wird. Neben den wissenschaftlichen und popkulturellen Vorträgen werden die Teilnehmer*innen in praktischen und künstlerischen Workshops auch zur aktiven Interaktion mit verschiedenen Aspekten der Gender-Thematik angeregt. Insgesamt entsteht im Rahmen der Ausstellung ‚Paradise Lost #gender shift' mit seinen Kooperationspartnern ein vielseitiges und vielschichtiges Projekt, welches zum Sprechen und Reflektieren über Geschlechtlichkeit und Gender und einem lebendigen Austausch darüber aufruft und so zum Gender-Diskurs beiträgt.

Sprechen über Gender ist wichtig. Denn wenn wir uns gemeinsam und aktiv mit Gender und dem Hinterfragen der bestehenden Strukturen auseinandersetzen, können wir nachhaltigen Gesellschaftswandel in Richtung Gleichberechtigung erreichen und so allen Menschen die Selbstbestimmtheit und Freiheit im eigenen Körper, der eigenen Identität und damit dem eigenen Leben und Menschsein ermöglichen.

Katharina Gaenssler wurde von Benita Meißner beauftragt die drei Ausstellungsorte über ein Leitmotiv miteinander zu verbinden. Während Gaenssler in BBK und im DG Kunstraum auf die Gesichter der Akteur*innen aus den Fotografien und Videos reagiert, konzipierte die Künstlerin für die PLATFORM einen Hintergrund für das Studio in Form eines Vorhangs, der das farbige Design von Julia Koschler für das Projekt *Fe-Mini-Ism* integriert. Das feministische Zine-Projekt von Lotte van den Hoogen wird neben Workshops im Rahmenprogramm auch mit einem Zine-Automaten in der PLATFORM präsent sein. Last but not least darf man im Ausstellungsraum subversive, körperbezogene Schmuckstücke von Paul Adie entdecken.

Paul Adie, cockring, 2019

1 Als Inspiration für die Szenografie diente u. a. Dominique Gonzalez-Foersters ‚Pynchon Park' (2016).
2 *Missy Magazine – Das feministische Magazin für Pop und Politik.*
3 Judith Butler, *Gender Trouble* (London & New York: Routledge Classics, 1990).
4 Butler, *Gender Trouble*, 8–9.
5 Die Autorin Margarete Stokowski bezeichnet *Das andere Geschlecht. Sitte und Sexus der Frau* in ihrem Essay „Das Ewigweibliche endlich fallen lassen. Was sagt uns ‚Das andere Geschlecht' heute?" noch heute als Standardwerk der feministischen Philosophie. Vgl. Margarete Stokowski, „Das Ewigweibliche endlich fallen lassen. Was sagt uns ‚Das andere Geschlecht' heute?" Aus *Politik und Zeitgeschichte* 51, 2019, 4.
6 Simone de Beauvoir, *Das andere Geschlecht. Sitte und Sexus der Frau* (Hamburg: Rowohlt, 1951), 265.
7 Butler, *Gender Trouble*, 125.
8 Carolin Emcke, *Gegen den Hass* (Frankfurt am Main: Bundeszentrale für politische Bildung/ Fischer Verlag, 2017), 12.
9 Die Begriffe Emanzipation und Feminismus werden häufig synonym verwendet, wie Jens van Tricht feststellt. Vgl. Jens van Tricht, *Warum Feminismus gut für Männer ist* (Bonn: Bundeszentrale für Politische Bildung/ Christoph Links Verlag, 2019), 23.
10 Sobald Faktoren der Benachteiligung oder Diskriminierung miteinander verbunden sind und die klaren Grenzen zwischen ihnen verschwimmen, spricht man von Intersektionalität.
11 Siehe *Diversity Glossar* der Universität Freiburg, https://www.diversity.uni-freiburg.de/ Lehre/Glossar#C [Stand: 1. März 2021].
12 Vgl. van Tricht, *Warum Feminismus gut für Männer ist*.
13 Aufgrund der Corona-Pandemie werden voraussichtlich alle von der Platform organisierten Veranstaltungen online stattfinden. Weitere Informationen zu dem Programm finden Sie bei Zeiten unter: www.platform-muenchen.de.

Paul Adie, geboren 1984 in Glasgow, Schottland. Derzeit Student in der Klasse für Schmuck und Gerät an der Akademie der Bildenden Künste München. Zuvor studierte er spanische und russische Philologie in Glasgow und Schmuck in Barcelona. Seine Arbeiten beschäftigen sich mit Themen in Bezug auf den Körper, Identität und aktuelle gesellschaftliche Phänomene unter Verwendung der Medien Schmuck, Fotografie, Zeichnung und Installation.

Fotografie

51   Jutta Burkhardt
57   Cihan Cakmak
63   Rineke Dijkstra
69   VALIE EXPORT
75   Alicia Framis
81   Harry Hachmeister
87   Julia Krahn
93   Benyamin Reich
99   Aura Rosenberg
105 Thomas Ruff
111 Tejal Shah
117 Pola Sieverding
123 Jana Sterbak
129 Sophia Süßmilch

Jutta Burkhardt

Mary, 2017
C-Print hinter Acrylglas auf
Alu-Dibond, 80 × 120 cm

Jutta Burkhardt

Mary, 2017

Jutta Burkhardt, 1969 geboren, lebt und arbeitet in München. Von 1989 bis 1993 studierte sie Bühnen- und Kostümbild bei Prof. Herbert Kapplmüller in Salzburg an der Hochschule Mozarteum. Als Bühnenbildassistentin war sie von 1993 bis 1996 an verschiedenen Theatern tätig, darunter das Berliner Ensemble und das Burgtheater in Wien. 1996 absolvierte sie ihr Diplom. Seitdem entwickelt sie Raum- und Videokonzeptionen für verschiedene Theater und ist als bildende Künstlerin tätig.

Die Fotografie ‚Mary' (2017) ist ein Selbstportrait und zeigt die Künstlerin vor der Pinakothek der Moderne in München. Eindeutig zu erkennen ist Jutta Burkhardt allerdings nicht. Durch die Anordnung von Körper und Kamera zeigt die Fotografie lediglich die untere Körperhälfte einer barfuß auf dem Betonboden stehenden Person. Wallendes, gelocktes, braunes Haar bedeckt vorhangartig und als einzig erkennbares „Kleidungsstück" den dahinterstehenden Körper bis zu den Unterschenkeln.

Nicht nur das Haarkleid, sondern auch der Titel der Fotografie schlägt eine Brücke zu der um 1490 erschaffenen Holzskulptur von Tilman Riemenschneider, die sich nur wenige hundert Meter weiter im Bayerischen Nationalmuseum in München befindet. Riemenschneider verwendete für die Darstellung seiner Maria Magdalena das Motiv der Maria von Ägypten: Eine Eremitin, die – nur mit ihrem Haupthaar bedeckt – als Patronin der Büßerinnen und reumütigen Sünderinnen gilt. So war bis zum Mittelalter überlanges, ungebändigtes Kopfhaar bei Frauen ein Zeichen für Prostitution.

Der Anspielungsreichtum des menschlichen Haares in der Bildenden Kunst ist breit gefächert. Jutta Burkhardt beschäftigt sich mit Kopfhaar und Körperbehaarung schon seit vielen Jahren. Für sie steht das Haar auch als Bindeglied zwischen innen und außen. So kommt es laut Burkhardt in unserem Sprachgebrauch zu Formulierungen, die dieses Gedankengut widerspiegeln: zum Beispiel, dass jemand „krause Ideen" hat. Haare inszeniert die Künstlerin gleichzeitig auch als animalisches Relikt. So gibt es eine Arbeit aus dem Zyklus ‚la toison d'or' (2008), die einen weiblichen Rücken zeigt, auf dem in Körperbehaarung das Kosewort „mausi" zu lesen ist. Behaarung wird dem Tierischen zugeordnet. Deshalb können Männer wohl haarig und damit ungezähmt sein, im Gegensatz zu Frauen, die ihre Körperbehaarung kultivieren müssen, um nicht mit groben Anfeindungen rechnen zu müssen, wie beispielsweise Arvida Byström nach ihrer Adidas-Kampagne 2017.

Über viele Jahrhunderte bedeutete „ordentliches" Haar auch geordnetes Denken oder gar Gottesnähe. Haare haben darüber hinaus auch mit Tod und Vergänglichkeit zu tun, weil sie zu den letzten Dingen gehören, die vom Menschen nach seinem Ableben erhalten bleiben.

Jutta Burkhardt inszeniert in ‚Mary' spielerisch das Unbewusste. Die Symbolkraft des Bildes lässt die großen Themen der Gesellschaft durchscheinen. Durch eine einfache Geste verbindet sie jahrhundertelange Denkmuster und Traditionen und verknüpft religiöse Bilder mit erotischer Bedeutung.

Cihan Cakmak

Selbstportrait mit M.,
Leipzig, 2018　　　　　17
Semi-Matt Fuji DP II Lambda,
gerahmt, 130 × 100 cm
Selbstportrait mit C.,
Ericeira, Portugal, 2019　　19
Semi-Matt Fuji DP II Lambda,
gerahmt, 90 × 70 cm

Cihan Cakmak

Selbstportrait mit M., Leipzig, 2018

Cihan Cakmak wurde 1993 in Worpswede geboren, heute lebt und arbeitet sie in Leipzig. Von 2013 bis 2017 machte sie einen Bachelor in Fotografie an der Fachhochschule Dortmund mit einem Auslandssemester 2016/17 in Lissabon. Im Anschluss studierte sie an der Hochschule für Grafik und Buchkunst Leipzig Fotografie in der Klasse von Prof. Tina Bara. 2019 bildete sie sich am International Center of Photography in New York weiter.

Die Eltern von Cihan Cakmak kamen Anfang der 1990er Jahre als Kurden aus der Türkei ins Künstlerdorf Worpswede. Bereits als Kind hat sich Cakmak mit der Künstlerin Paula Modersohn-Becker auseinandergesetzt. Sie sieht Parallelen zwischen ihrem eigenen Kampf und dem ihrer Vorgängerin vor 100 Jahren: Zwei Rebellinnen, die den festgefahrenen Normen und dem Weltbild ihrer Eltern etwas entgegensetz(t)en. Im 21. Jahrhundert sind Teile der Gesellschaft immer noch weit entfernt von einer Gleichstellung der Geschlechter, obwohl schon Modersohn-Becker als Expressionistin des 20. Jahrhunderts gegen das patriarchale System aufbegehrt hat.

Die Kunstwelt möchte die in Deutschland aufgewachsene Cakmak als „Migrantin" sehen. Dagegen wehrt sie sich. Doch wer definiert, wer man ist? Ihre Fotografien belegen, dass man auch als Frau mit muslimischer Prägung freie Kunst machen kann. Der Körper, der weibliche Körper, der nackte Körper, ist Ausdruck ihrer Suche nach sich selbst. Sie sagt: „Es ist meine eigene Nacktheit, meine eigene Sexualität, die ich versuche, zum Ausdruck zu bringen... So wird schließlich meine Scham zur Befreiung. Ich befreie mich durch die Scham."

Für die Ausstellung wurden zwei ihrer Selbstportraits ausgewählt. Das eine Motiv zeigt einen Mann und eine Frau, beide nackt, auf einem Bett mit Spiegel liegend; das zweite die Oberkörper zweier Frauen, gemeinsam vor einem felsigen Hintergrund stehend.

Weder der Blick der Frau, noch der des Mannes, wenden sich in Richtung des Betrachters. Die Aufnahme erscheint wie ein klassisches Interieur aus der Malerei im Biedermeier, nur ist es nicht die Frau, die uns durch den Spiegel betrachtet, sondern ein Mann, der sich spiegelt. Das blaue Leintuch steht im klaren Kontrast zu den hellen Körpern. Die Haltungen beider Körper erscheinen einstudiert, als ob sie uns etwas mitteilen wollten. Der Mann liegt auf dem Bauch und blickt nach links in Richtung des runden Spiegels, den er mit seinen Händen stützt. Die Frau kauert auf der rechten Seite des Bildes, den Kopf und die Hand auf seinem Unterschenkel aufgestützt, und blickt, den Mund leicht geöffnet, in die Leere. Trotz der liegenden Position der Körper ist eine Bewegung auszumachen: Es scheint, als ob der Mann sich im nächsten Moment durch den Spiegel aus dem Raum wegbewegen könnte.

Das zweite Portrait mit Frau ist wesentlich statischer. Cihan Cakmak blickt direkt in die Kamera, die Frau hinter ihr hat den Kopf zur Seite gedreht, und ihr Profil ist durch den Kopf der Künstlerin verdeckt. Die beiden jungen Frauen stehen unmittelbar hintereinander, so dass aus der Berührung der Körper Intimität und Nähe entsteht. Große Bedeutung bekommen die Haare beider Frauen: auf der einen Seite als verbindendes Element; auf der anderen Seite scheint die Haarpracht beide Figuren zu rahmen.

Rineke Dijkstra

The Nugent R.C. Highschool,
Liverpool, England,
November 11, 1994
C-Print, 125 × 104 cm,
courtesy Stiftung Federkiel,
Karsten Schmitz

Rineke Dijkstra

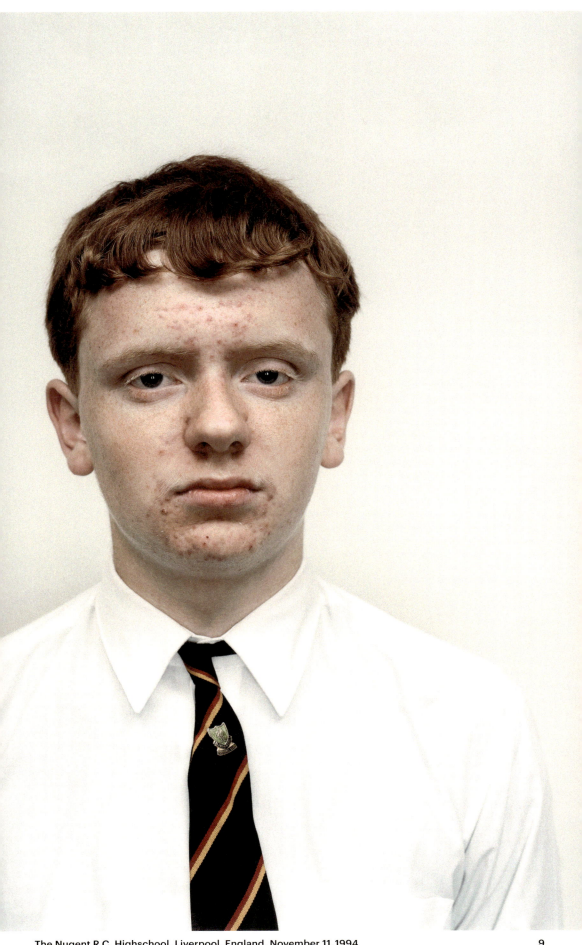

The Nugent R.C. Highschool, Liverpool, England, November 11, 1994

Rineke Dijkstra wurde 1959 in Sittard, in den Niederlanden, geboren. Von 1981 bis 1986 studierte sie an der Gerrit Rietveld Akademie in Amsterdam und arbeitete im Anschluss als freie Fotografin für renommierte Magazine wie die ‚Elle'. Bereits während ihres Studiums im Jahr 1984, zeigte Rineke Dijkstra in der Galerie de Moor (Amsterdam) ihre erste Einzelausstellung. Sie erhielt 1987 den Kodak Award Nederland und 1998 den Preis der Citibank für Fotografie. 1997 und 2001 war sie zur Biennale in Venedig eingeladen. Ihre Arbeiten werden international in Museen und Galerien gezeigt.

Ihre ersten Aufträge als Fotografin erhielt Rineke Dijkstra von einem Wirtschaftsmagazin: Sie porträtierte bedeutende Geschäftsleute. Von der großen Selbstsicherheit der Portraitierten fühlte sie sich zunehmend irritiert und abgestoßen. Nach einem schweren Autounfall musste sie regelmäßig schwimmen, um einer drohenden Operation zu entgehen. Die Besuche im Hallenbad nutzte sie dafür, ihre Verletzlichkeit und eigene Unsicherheit mit der Kamera festzuhalten. Unmittelbar nach ihrer Genesung begann Dijkstra, ihren neu entdeckten künstlerischen Ansatz weiterzuverfolgen.

Zunächst bat sie ihren Freundeskreis, für sie in Badebekleidung zu posieren. Aber die Bilder, die dabei entstanden, erschienen ihr viel zu gestellt. Erst die Aufnahmen eines 13-jährigen Mädchens lieferten das gewünschte Ergebnis und führten zu einer ausgedehnten Foto-Serie: Von 1992 bis 2002 fotografierte Dijkstra an Stränden weltweit Kinder und Jugendliche in Badebekleidung. Diese sogenannten „Beach Portraits" brachten der Fotografin in den 1990er-Jahren den internationalen Durchbruch. Die Faszination dieser Aufnahmen liegt darin, dass die Modelle weder inszeniert noch vorgeführt werden, aber eine seltsame Spannung zwischen Intimität und Distanz aufweisen.

Rineke Dijkstras Kamera bewahrt nüchterne Distanz zu ihren jugendlichen Modellen und scheut sich nicht vor der ungeschminkten Realität. Die Fotografin beobachtet ihre Modelle und ist bemüht, das Charakteristische der Persönlichkeit festzuhalten, das Innere der Seele im Äußeren des Bildes zu dokumentieren. Die Foto-Serien, die sie an so unterschiedlichen Orten wie dem Berliner Tiergarten, dem Buzz-Club in Liverpool oder an diversen Stränden in den USA und in Europa aufnahm, geben ein genaues Bild vom Zustand der Gesellschaften, aus denen die Portraitierten stammen.

Die Arbeit in der Ausstellung zeigt einen Schüler der Nugent R.C. Highschool in Liverpool in Schuluniform. Das Portrait des etwa 14-jährigen Jungen lässt den Konflikt zwischen Identität und Uniformität erahnen. „Ungeschminkt" blickt der Pubertierende in die Kamera, sein Gesicht zeigt deutliche Spuren von Akne und zeigt ihn damit als Mensch in Verwandlung und auf der Suche.

Der Akt des Fotografierens ist zugleich ein Akt der Begegnung zwischen Fotografin und Modell. Die Künstlerin nimmt sich zurück und bemüht sich, die Personen in ihren unterschiedlichen Facetten darzustellen. Jedes Portrait trägt ein genaues Datum und eine Ortsangabe, was einen bewussten Bezug ihrer Arbeit auf August Sanders Werk ‚Menschen des 20. Jahrhunderts' nahelegt. Sander zeigte in Hunderten von Portraits Menschen unterschiedlicher Schichten und Berufsgruppen, um ein umfassendes Gesellschaftsbild seiner Zeit zu schaffen.

Identitätstransfer B, I, 1973   15
Farb- und Schwarzweiß-
fotografie, 64 × 42,5 cm,
courtesy Barbara Gross

Identitätstransfer B, II, 1973   14
Farb- und Schwarzweiß-
fotografie, 64 × 42,5 cm,
courtesy Barbara Gross

Identitätstransfer B, I, 1973

Als Waltraud Lehner 1940 in Linz geboren, lebt und arbeitet VALIE EXPORT heute in Wien. Von 1955 bis 1958 besuchte sie die Kunstgewerbeschule in Linz, um dann von 1960 bis 1964 an der Höheren Bundeslehr- und Versuchsanstalt für Textilindustrie in Wien zu studieren. Sie absolvierte ihr Diplom im Bereich Design. EXPORT ist Medienkünstlerin, Performancekünstlerin und Filmemacherin und wurde mit zahlreichen Preisen ausgezeichnet, darunter dem Preis der Stadt Wien für Bildende Kunst (1990), dem Gabriele Münter Preis (1997), dem Oskar-Kokoschka-Preis (2000), dem Frauen-Lebenswerk-Preis (2015) sowie dem Roswitha Haftmann-Preis (2019).

VALIE EXPORT kreierte 1967 eine eigene künstlerische Identität, indem sie sowohl den Nachnamen ihres Vaters, als auch den ihres Ex-Ehemannes ablegte, als Zeichen der Ablehnung tradierter Konventionen. Namensgeber für ihren Künstlernamen wurde die österreichische Zigarettenmarke „Export", die mit dem Slogan „immer und überall" zur damaligen Zeit warb. „Export" steht auch für ihre künstlerische Mission, Ideen und Werke „immer und überall" zu verbreiten.

Der Körper, ihr Körper, fungiert als bildnerisches Material für Performances oder fotografische Arbeiten. Schmerz- und Schamgrenzen werden dabei ausgelotet und teilweise provokant überschritten. VALIE EXPORT befasste sich sehr früh intensiv mit den tradierten Rollenbildern der Frau und ging 1970 so weit, sich ein Strumpfband auf den Oberschenkel tätowieren zu lassen, als Zeichen der männlichen Wunschvorstellungen, die sich in „das Bild" der Frau einbrennen.

In der Ausstellung sind zwei Arbeiten aus der Serie ‚Identitätstransfer B' (1973) zu sehen, die an die Serie ‚Identitätstransfer 1, 2, 3' (1968) thematisch anschließt. Die Fotos der ersten Serie zeigen VALIE EXPORT mit langen Halsketten, offener Jacke und in männlichen Posen. Sowohl die Pose, als auch das Verkleidungsspiel erinnern an die späteren Fotoarbeiten von Cindy Sherman. Beide Künstlerinnen verdeutlichen, dass eine Frau nicht als Frau geboren, sondern von der Gesellschaft dazu gemacht wird, wie Simone de Beauvoir es ausdrückte. Oder dass, um es moderner zu sagen, Geschlechtszugehörigkeit eine Norm ist. Während in der ersten Serie die Inszenierung von Weiblichkeit im Mittelpunkt steht, rückt die Künstlerin das Thema des physischen Übergriffs auf Frauen, zum Beispiel durch Vergewaltigung, in der zweiten Serie ins Zentrum. Für diese Fotoserie posiert sie als weibliches Gewaltopfer, in teilweise androgynem Gewand.

VALIE EXPORT verhandelt in ihren Arbeiten die eigene Identität in Bezug zur Gesellschaft. Der Körper war damals das Material, womit man Gesellschaft definieren und darstellen konnte; ganz im Sinne der Wiener Aktionisten, die das – jeder auf seine Art –, ebenfalls in den Fokus ihrer Arbeit rückten. Die Identitätstransfer-Bilder nehmen eine Reihe von Arbeiten vorweg, die von Künstler*innen in Europa und Amerika in den frühen 1970er Jahren produziert wurden und sich ebenfalls mit Geschlechterfragen befassten. Zu nennen sind hier Performances und Fotoserien wie Jürgen Klaukes ‚Transformer' (1973), Adrian Pipers ‚Mythic Being'-Projekt (1972–75), Eleanor Antins ‚King of Solana Beach' (1974) oder Cindy Shermans ‚Untitled AD' (1975).

Alicia Framis

Cinema Solo, 1996 21–25
5 aus einer Serie von
36 Schwarzweißfotografien
und Booklet, 40 × 50 cm,
courtesy Barbara Gross

Alicia Framis

Cinema Solo, 1996 21–23

Alicia Framis thematisiert in ihren Werken die Lebens- und Arbeitsbedingungen der Menschen im 21. Jahrhundert. Schwerpunkte sind dabei die wachsende Einsamkeit des Individuums und neue Technologien, wie die digitale Kommunikation. Ausgehend vom menschlichen Körper in seinem psychischen und physischen Umfeld, inszeniert sie diesen neu, oftmals in Kooperation mit internationalen Modeschöpfern. So wird zum Beispiel in dem Projekt ‚100 ways to wear a flag' die missliche Lage chinesischer Frauen durch eine Kollektion verdeutlicht, die aus chinesischen Flaggen genäht wurde. Die Kleidung, Schutz vor Witterung, aber auch Zeichen kultureller Konventionen, ist hier gleichzeitig das Symbol eines repressiven Staates, der die Rechte der Menschen verletzt. Die Arbeiten der Künstlerin entlarven Missstände in der Gesellschaft, die einem chancengleichen Leben ohne Diskriminierung im Wege stehen.

In der Ausstellung sind fünf aus einer Serie von 36 dokumentarischen Fotografien des Werkkomplexes ‚Cinema Solo' zu sehen. Framis wohnte während einer Künstlerresidenz in Villeneuve, Grenoble. Ihr Wohnort lag in einem Ghetto, und die Künstlerin hatte in diesem Stadtviertel Angst vor Übergriffen. Sie kaufte sich eine männliche Schaufensterpuppe und setzte diese während ihres Aufenthaltes so ein, als ob sie nicht alleine zu Hause sei, sondern mit einem Mann zusammenwohne. Das Rollenspiel mit der Puppe inszenierte sie in der gesamten Wohnung, so auch im Schlafzimmer. Pierre, so nannte sie ihren Beschützer, sollte ungewollte Gäste fernhalten. Mit dieser Puppe unterstreicht Framis das eingeübte Rollenklischee von Mann und Frau: Sogar die reine Vorstellung einer männlichen Präsenz nahm ihr die Angst vor Übergriffen.

Der Werkzyklus wird von einem schmalen Heft mit dem Text ‚Die Gefahr Tod' begleitet. Die Künstlerin hat diesen, beruhend auf der Erzählung ‚Die Krankheit Tod' von Marguerite Duras (1982, dt. Übersetzung von Peter Handke), neu aufgelegt. Duras schreibt: „Ja, es ist schwierig, über die Sexualität zu reden, in der Tat. Die Männer sind nicht Spengler, Schriftsteller, Taxichauffeure, Berufslose oder Journalisten, sie sind vor allem Männer, heterosexuelle oder homosexuelle Männer. Der Unterschied besteht lediglich darin, dass die einen das zugeben, sobald man ihre Bekanntschaft macht, und die anderen etwas später. Man muss die Männer sehr lieben. Sehr, sehr. Sehr lieben, um sie lieben zu können. Sonst ist es nicht möglich, sonst kann man sie nicht ertragen."

Alicia Framis wurde 1967 in Barcelona geboren, heute lebt und arbeitet sie in Amsterdam. Studiert hat sie an der Barcelona University und der École des Beaux-Arts in Paris, um dann einen Master am Institut d'Hautes Études in Paris und an der Rijksakademie Van Beeldende Kunsten in Amsterdam zu absolvieren. Ihr wurden international bedeutende Preise, wie der Premio di Roma (1997) und der Premio Lleida Contemporary Art (2000) verliehen. 2003 bespielte sie den Niederländischen Pavillon auf der 50. Biennale in Venedig.

Alicia Framis versteht ihre Kunst nicht als abgeschlossenes Werk, sondern vielmehr als Prozess, bei dem sie von sozialen Fragestellungen zu Ausgrenzung, Gleichberechtigung oder Sicherheit ausgeht und Strategien für situationsbezogene Handlungsweisen entwickelt.

Alicia Framis

Cinema Solo, 1996   24, 25

Harry Hachmeister

Boxer, 2007 10
Analoger C-Print,
152×102 cm
Arkadischer Jünglingsakt
(nach Goethe), 2015 29
Analoger C-Print,
102×152 cm

Harry Hachmeister

Arkadischer Jünglingsakt (nach Goethe), 2015

Harry Hachmeister verwendet verschiedene Medien für seine künstlerische Arbeit. Analoge Fotografien, Zeichnungen, Malereien und Objekte bedingen sich teilweise gegenseitig oder entstehen parallel zueinander. Der thematische Ausgangspunkt ist dabei oft der Körper, das Körperhafte und damit auch Themen wie Sexualität, Intimität sowie Verletzlichkeit. Bei seinen Fotografien handelt es sich hauptsächlich um Selbstporträts. Die fotografische Langzeitserie ‚Grit, wir kriegen dich' thematisiert ab 2002 sehr eindrucksvoll, wie man sich selbst unterschiedlich erleben, sich untersuchen und kontrollieren kann. Die Fragmente eines Selbst lassen spielerisch immer neue Bezüge zwischen innen und außen entdecken. Die Kamera wird zum Gegenüber, und es entwickelt sich eine Intimität, die wir als Betrachter*in spüren, da wir ihren Standort einnehmen. Auch wenn ein Selbstfindungsprozess als Impuls der Serie gesehen werden kann, geht es in den Fotografien um weitaus mehr, als um die Bewältigung vermeintlicher Selbstzweifel: Es wird der Zusammenhang von gesellschaftlichen Projektionen und dem eigenen Erleben dokumentiert.

Die beiden Werke in der Ausstellung haben eine diametral entgegengesetzte Wirkung. Die Arbeit ‚Boxer' ist Teil der Serie ‚Grit, wir kriegen dich' und zeigt einen jungen Menschen (den Künstler) vor einem alten Kachelofen, in einer Zimmerecke stehend. Er blickt uns herausfordernd mit seinen strahlend blauen Augen an. Die Hände stecken in schwarz-weißen Torwarthandschuhen, die einzige Bekleidung besteht aus Adidas-Shorts und gleichfarbigen Schienbeinschützern. Doch für einen Boxer ist es die falsche Montur; ebenso für einen Torwart, da das übliche langärmelige Hemd und die längeren Hosen fehlen und ein Torwart doch auch keine Schienbeinschützer benötigt.

Diese unorthodoxe Zusammenstellung einer vermeintlichen Fußballausrüstung ist also schnell als Verkleidung enttarnt. Hachmeisters Körperhaltung ist deutlich offensiv, so dass man beim ersten Hinsehen tatsächlich an einen Boxer denken könnte. Hachmeister treibt ein Spiel mit Attributen und Zuschreibungen: Bei ‚Boxer' wird ein geschlechtsspezifisches Rollenverhalten an den Tag gelegt, das auf traditionellen Vorstellungen von Männlichkeit basiert, den Betrachter*innen jedoch die Unstimmigkeiten dieses Bildes vor Augen führt.

Die zweite Arbeit – ‚Arkadischer Jünglingsakt (nach Goethe)' – zeigt einen androgynen, nackten Körper, seitlich auf einer Steinplatte liegend. Das Modell blickt von einer Anhöhe aus auf eine bukolische, südländische Hügellandschaft hinab, die der/die Betrachter*in mit ihm teilt. Hachmeister stellt hier das Bild ‚Goethe in der Campagna' von Johann Heinrich Wilhelm Tischbein nach, doch dreht er, im Unterschied zum Original, dem Betrachter den Rücken zu, während er seine vulnerable Seite zur Welt, der Natur, hin öffnet. Die Aufnahme ist während Hachmeisters Aufenthalt in der Casa Baldi in Olevano Romana in den Bergen des Latium entstanden. Es ist die Darstellung eines Reisenden in fernen Land, eines Eroberers antiker Heldengeschichten, um für die Daheimgebliebenen ein neues Epos zu formulieren, und damit eine neue Epoche, die Klassik, einzuleiten. Es liegt eine herrschaftliche Pose in der Art der Inszenierung, eine souveräne, gottgleiche Nacktheit (siehe Text Rainer Hepler). Das Paradies vor Augen – der makellose Körper eines Jünglings greifbar, wird er alabastergleich auf den Sockel gestellt, Arkadien ist endlich nah.

Harry Hachmeister

Harry Hachmeister, geboren 1979 in Leipzig als Grit Hachmeister, lebt und arbeitet in Leipzig und Berlin. Hachmeister hat bei Prof. Timm Rautert an der Hochschule für Grafik und Buchkunst in Leipzig studiert. Jüngste Auszeichnungen sind das Stipendium „Gastatelier Gleis 70" in Zürich (2019), das BS-Projects-Stipendium der HBK Braunschweig (2018), das Arbeitsstipendium der Stiftung Kunstfonds Bonn (2015) und das Stipendium der Pollock-Krasner-Foundation New York (2014).

„Ein gutes Foto erzählt immer eine Geschichte, die als vermeintlich wahr angenommen wird. Aber so viel sie auch zeigt, um so viel mehr verbirgt sie." (Harry Hachmeister)

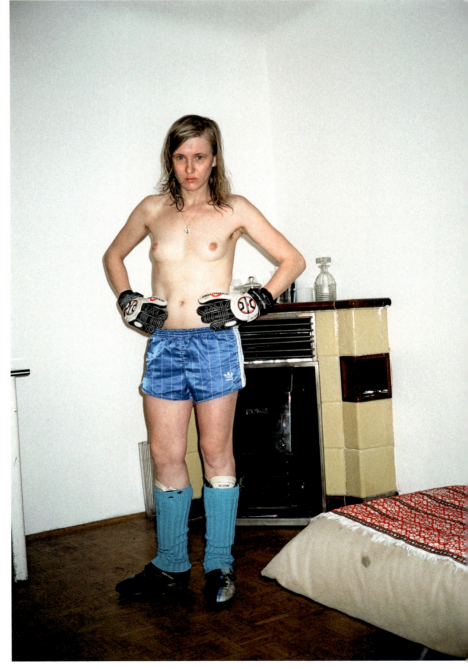

Boxer, 2007

Julia Krahn

Eva. Erde zu Erde, 2013   2
Wandtapete, 300 × 320 cm,
courtesy the artist and
Sammlung Marco Genzini
Mutter, 2009   11
Farbfotografie, 40 × 40 cm,
courtesy the artist
and Sammlung Kultum
33MM_Angele, 2014   13
Farbfotografie, 80 × 101 cm,
courtesy the artist

Mutter, 2009 11 Julia Krahn

Eva. Erde zu Erde, 2013

Julia Krahn, geboren 1978 in Jülich, Nordrhein-Westfalen, lebt und arbeitet als Künstlerin in Italien. 2008 nahm sie an der 7. Biennale von Teheran teil, 2010 stellte sie in der Stiftung Bevilacqua La Masa in Venedig aus, 2015 wurde sie im Landes Museum Hannover (in Zusammenarbeit mit dem Sprengelmuseum) präsentiert. Krahn wurde mit mehreren Fotopreisen ausgezeichnet.

Julia Krahn gehört zu den wenigen zeitgenössischen Künstler*innen, die sich in ihren Arbeiten mit dem Bildgedächtnis christlicher Motive auseinandersetzen. Sie führt diese aber in aktuelle persönliche und gesellschaftliche Fragestellungen über. Ein zentrales Thema, das von ihr bearbeitet wird, ist die Rolle der Frau in der Gesellschaft, in der Familie und in den Augen des Mannes. Die biblische Inszenierung unterstreicht die Tragweite des Themas: Eine kulturelle Prägung, deren Ursprung vor vielen tausend Jahren liegt.

Bereits der Schöpfungsbericht generiert Fragen, die auch in jüngster Zeit neu bewertet und neu betrachtet werden. So gibt Krahn den tradierten Motiven eine neue Lesart: Man sieht in ‚Eva. Erde zu Erde' die Künstlerin als erste Frau auf grauem Betonboden stehend. Ihr Köper hebt sich farblich kaum vom Untergrund ab, denn er ist grau von Erde, Staub, aus dem wir sind und zu dem wir wieder werden, nachdem wir nach dem Verlust des Paradieses sterblich geworden sind. Doch anstatt sich von der Schlange in Versuchung führen zu lassen, hält Krahn diese mit der rechten Hand und dem rechten Fuß fest im Griff – eine Hommage der Künstlerin an die ‚Madonna Palafregnieri' (1605–1606) von Michelangelo Caravaggio.

Der Apfel liegt unberührt auf dem Boden. Die Darstellung der Eva in dieser Arbeit lässt das Ende der Geschichte offen, der/die Betrachter*in wird dazu angeregt, sich mit diesem zentralen Thema neu zu befassen. Was wäre gewesen, wenn? Gibt uns dies Hoffnung auf eine neue Gleichstellung von Mann und Frau?

Für Julia Krahn ist es aber auch eine Eva, die sich für die Erkenntnis, für Liebe und Schmerz, für das Leben entscheidet. Die Schlange ist in vielen Kulturen ein Symbol für die Energie des Lebens. Nur, wenn man diese zum Leben erweckt, wird man die echte Erkenntnis erlangen.

Auch in der Arbeit ‚Mutter' inszeniert sich Julia Krahn in einer vertrauten Pose: in der der Gottesmutter Maria. Die Fotografie zeigt ihren nackten Oberkörper, das Haupt von einem weißen Tuch bedeckt, einer Art Schleier, der locker über die eine Schulter fällt, das andere Ende bedeckt den rechten Unterarm. Der linke Arm stützt den rechten, als ob sich dort etwas Schweres befinden würde. Die Haltung der Arme sowie Krahns geneigter Blick suggerieren das Halten eines Säuglings. Für die Frau ist die Rolle der Mutter eine mit dem anderen Geschlecht schwer zu teilende Erfahrung. Während der Schwangerschaft entsteht eine Verbindung mit dem Embryo, die über die körperliche, versorgende weit hinausgeht, die mit dem Stillen weitergeführt wird. Doch die Stelle, die von dieser jungen Frau liebevoll betrachtet wird, ist leer. Die christlichen Darstellungen der Madonna mit Jesuskind deuten oft schon durch den Gesichtsausdruck der Mutter den bevorstehenden Verlust, den Tod des Sohnes an. Schmerz über das Fehlen des Kindes ist nicht auszumachen, es ist eher ein konzentrierter Blick, die Suche nach einem Gegenüber, vielleicht die Suche nach Halt. Diese offensichtliche Leerstelle deutet auf weltliche Themen hin: Mutter sein wollen, aber nicht können. Dafür gibt es sehr unterschiedliche Gründe; für manche ist es biologisch nicht möglich, bei anderen dominiert die Existenzangst.

Die Fotoarbeit ‚33MM_Angele' – der Titel bezieht sich auf das vermutete, jedoch wissenschaftlich nicht belegte Jahr 33 n. Chr. – ist Teil einer Portraitserie, die Krahn gemeinsam mit 33 Frauen umgesetzt hat. 33 ergibt, wenn man die Zahlen um 90 Grad dreht, die Buchstaben MM, die hier für Maria Magdalena stehen. Das Jahr 33 ist das angenommene Jahr der Passion. Jesus stirbt und Maria Magdalena, die Frau, die Jesus am nächsten stand, wird Zeugin seiner Auferstehung. Die Darstellerin Angele verkörpert die Zerrissenheit der biblischen Maria Magdalena, die von Thomas von Aquin als selbstbewusst und mutig beschrieben wird, als Apostolin unter den Aposteln, „apostolorum apostola". Maria Magdalena verkörpert den Kampf gegen die festgefahrenen Geschlechterrollen und Hierarchien ihrer Zeit.

Die Darstellerin trägt eine weite Hose aus weißem Stoff sowie eine Brustbinde aus dem gleichen Stoff. Sie hält in beiden Händen Seile, deren gespannte Enden sich links und rechts außerhalb des Bildbereiches befinden. Im Gesicht der Frau ist ein langer Schnurrbart zu sehen. Legenden erzählen von Christinnen (ob nun Wilgefortis, Kümmernis, Ontcommer, Santa Eulalia oder Santa Giulia), die sich gegen eine Heirat mit einem Heiden wehrten und in ihrer Not Gott darum baten, dass sie nicht mehr begehrenswert seien. Die durch einen Bartwuchs stigmatisierten Frauen waren so als Ehefrau nicht mehr geeignet, und die meisten von ihnen fanden ein Ende am Kreuz. Angele schreibt dazu in einem begleitenden Text: „Ich bin Maria Magdalena. Im Himmel gibt es kein Geschlecht. Und kein Mensch auf der Welt ist mehr oder weniger Wert" *(EvTh Log 114,2)*.

Julia Krahn

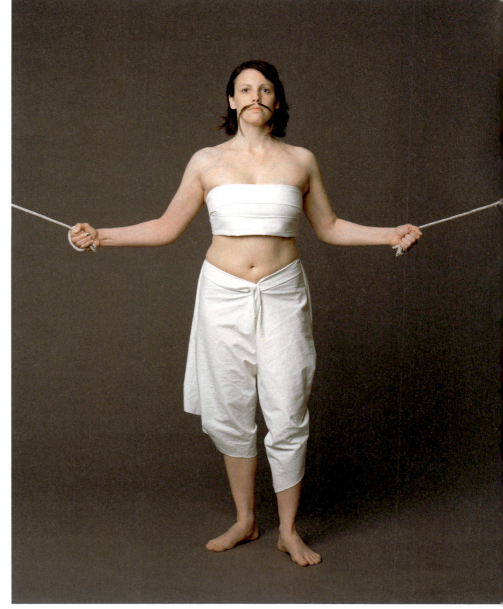

Benyamin Reich

Ohne Titel, 2007 8
aus der Serie ‚Friday Water',
Farbfotografie, 243×153 cm
Kittel, 2005 16
aus der Serie ‚Black Stars',
Schwarzweißfotografie,
72×72 cm

Ohne Titel, 2007   8

Benyamin Reich, geboren 1976 in Bnei Brak, Israel, lebt und arbeitet seit 2009 in Berlin. Nach einem Kunst- und Fotografiestudium an der Pariser École des Beaux-Arts (1998 bis 2000), kehrte er zurück nach Israel. Dort studierte er von 2002 bis 2003 an der Ma'ale School of Cinema, Television and the Arts, von 2004 bis 2006 an der Bezalel Academy of Art and Design und schließlich 2007 bis 2008 an der Naggar School of Photography in Musrara, Jerusalem.

Benyamin Reich stammt aus einer chassidischen Familie, einer religiös-mystischen Strömung innerhalb des ultraorthodoxen Judentums. Während seiner Kindheit gab es keine weltlichen Reize von außen, wie zum Beispiel Internet, Radio oder Literatur. Über sein Studium der Fotografie in Paris öffnete sich für ihn eine neue Welt, die ihn aber immer wieder nach Israel und zu seiner Familie zurückführte. Seine Arbeiten bringen diese beiden Lebensrealitäten zusammen: den Grenzzustand zwischen der jüdisch orthodoxen Welt und der modernen, westlichen Welt auf der Suche nach Vergangenheit und Versöhnung. Seine Arbeiten sprechen vom Kampf um Werte und Sinngehalt, den einige Juden in ihrer Pubertät erleben mussten, denn sie respektieren die jüdische Tradition, die aber für manche körperlichen Wünsche und Begierden keinen Platz bereithält.

Die Fotografie ‚Friday Water' öffnet den Blick auf ultraorthodoxe Juden bei einem politisch und emotional aufgeladenen Baderitual in Litfa, einem ehemals arabisch-palästinensischen Dorf in der Peripherie von Jerusalem. Diese wunderschöne Stätte ist selbst ein Symbol des Nahostkonfliktes. Ein Ort, am Fuße von zwei Hügeln, an dem gottesfürchtige Männer andere Männer begehren dürfen – solange sie nicht darüber sprechen.

Das Reinigungsritual verlangt, dass man nackt und mit dem ganzen Körper unter Wasser taucht, wie bei einer Wassergeburt. Es erinnert an die christliche Taufe. Reich ist über Jahre jeden Freitag dort hingegangen, so dass sich die Männer an seine Präsenz gewöhnt hatten. Die dadurch mögliche Offenheit und Selbstverständlichkeit, in der das nackte Baden abgelichtet wird, lässt den Betrachter zum Voyeur dieser intimen Szene werden. In den Fotografien sind verschiedene Stimmungen ablesbar: Die Bandbreite reicht vom religiösen Ritual einer Reinigung bis hin zu einem vergnüglichen, spielerischem Austausch unter den Jünglingen.

Ein besonderes Instrument, um Gegensätze zu vereinen und ihre innere Harmonie zu entfalten, ist für Reich die Portraitfotografie. Sichtbar wird das in der schwarz-weißen Abbildung in der Ausstellung, auf der ein junger Mann einen weißen ‚Kittel', so wird das traditionelle, weiße Gewand für Jom Kippur und die hohen Feiertage genannt, trägt. Weiß symbolisiert im Judentum sowohl Reinheit als auch Heiligkeit. Der Kittel wird von den chassidischen Juden nach der Heirat zu allen Feiertagen getragen.

Bei diesem Portrait handelt es sich aber um einen jungen, unverheirateten Mann, der uns sehr direkt und etwas herausfordernd in die Augen blickt. Seine linke Hand stemmt er in die Hüfte, seine rechte Hand stützt etwas nachdenklich das Kinn. Der Kittel schmückt ihn, denn dieser ist besonders kostbar mit Borten und Stickereien gearbeitet. Das Hemd ist nicht ganz geschlossen. Die Haltung des jungen Mannes hat etwas Weiches, Weibliches und erinnert an das Bildnis der jungen Frau mit Griffel und Schreibtäfelchen aus Pompeij.

Reich offenbart in seinen Arbeiten den Dienst an Gott im Licht der Sinnlichkeit. Durch die Dunkelkammer bringt er das Licht zum Vorschein. Der Künstler sagt über seine Arbeit, dass er versuche, Sinnlichkeit und Spiritualität in seinen Aufnahmen zu vereinen.

Benyamin Reich

Aura Rosenberg

Head Shots (D. L.), 1996   5
Schwarzweißfotografie,
35 × 45 cm
Head Shots (M. K.), 1996   6
Schwarzweißfotografie,
44 × 60 cm
Head Shots (J. Mu.), 1996   7
Schwarzweißfotografie,
44 × 60 cm

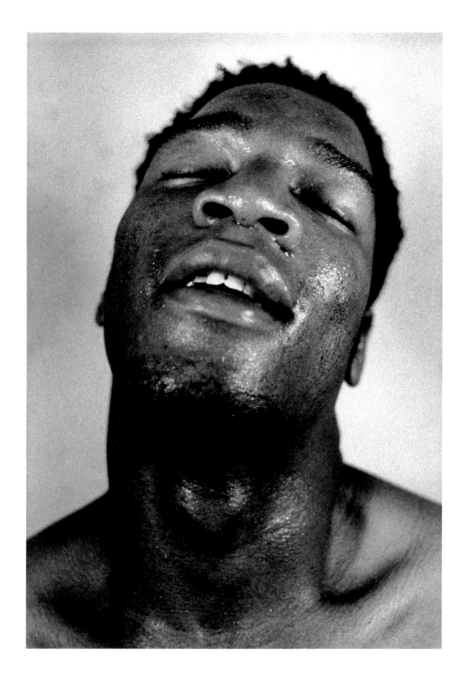

Head Shots (D. L.), 1996

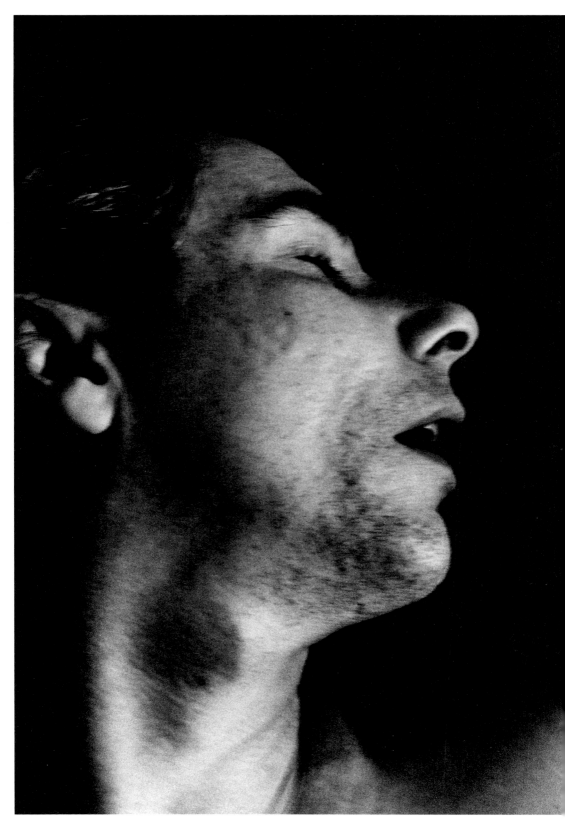

Aura Rosenberg, geboren 1949 in New York, lebt und arbeitet in New York und Berlin. Sie studierte am Sarah Lawrence College (Bachelor) und am Hunter College, New York (Master). Rosenberg ist in unterschiedlichen Bereichen der Bildenden Kunst tätig.

Zentrale Themen des Menschen, wie Sexualität, Gender und Kindheit, bilden seit über 30 Jahren für Aura Rosenberg Ausgangspunkt ihres Schaffens. Dabei nutzt die Künstlerin so unterschiedliche Medien wie Malerei, Fotografie, Film und Skulptur.

Die Ausstellung präsentiert drei Arbeiten mit dem Titel ‚Head Shots' – einer Serie von 61 Silbergelatineabzügen, die in den Jahren 1991 bis 1996 entstanden sind. Die Künstlerin hat für diese Serie Künstlerkollegen und Freunde abgelichtet, die scheinbar im Moment des Orgasmus gefangen sind.

Der englische Titel der Arbeit kann unterschiedlich gedeutet werden: Als „Kopfschuss" (Head Shot) wird die Nahaufnahme bezeichnet, die von Schauspielern im Casting-Prozess verwendet wird, impliziert hier aber auch den nicht sichtbaren Akt der Ejakulation. Die meisten Fotografien sind Nahaufnahmen der Gesichter. Das Umfeld ist nur schemenhaft zu erkennen. Bei fast allen Männern sind die Augen geschlossen, der Mund ist geöffnet und die Köpfe sind nach hinten geneigt.

Es entsteht ein ungewöhnliches Bild: Nicht nur deshalb, weil die Künstlerin die herkömmliche sexualisierte Darstellungsweise umkehrt und ein männlicher Körper Objekt des weiblichen Blickes wird, sondern auch, weil der Mann in einem Moment der Verletzlichkeit gezeigt wird, also aus einem Blickwinkel, der sonst weitestgehend vermieden wird. Es ist ein Moment des Kontrollverlustes, das buchstäbliche und metaphorische Fallen (oder Kommen), das erlebt wurde. Ob ein Orgasmus tatsächlich erlebt oder lediglich simuliert wurde, ist nicht bekannt, aber auch irrelevant. Jede Fotografie trägt neben dem Titel der Arbeit auch die Initialen der Person auf dem Bild.

Während der 1990er Jahre sind mehrere hunderttausend Amerikaner an Aids gestorben. Auch wenn die Arbeiten diese Epidemie nicht thematisieren, sind sie doch unter ihrem Einfluss zu lesen: Der sexualisierte männliche Körper wird als Ort des Vergnügens dargestellt.

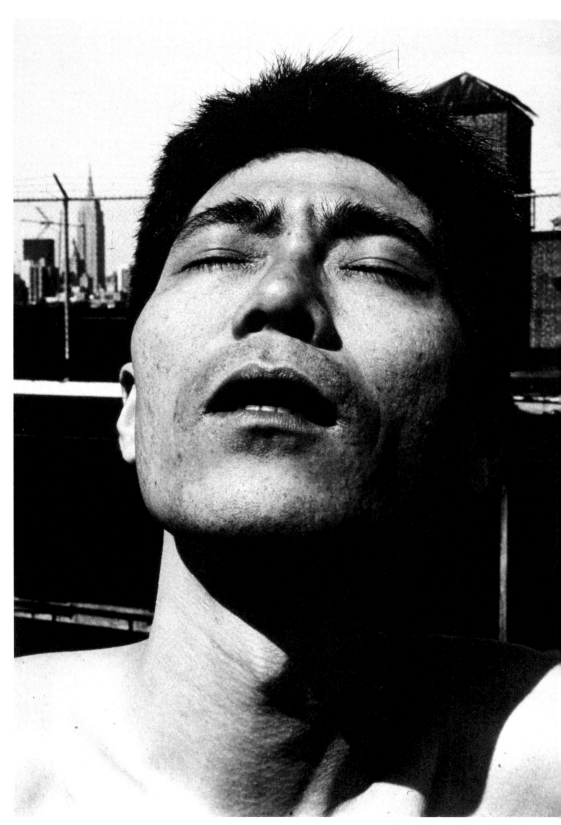

Head Shots (J. Mu.), 1996

Thomas Ruff

nudes pl09m, 2012
Farbfotografie, 142 × 110 cm,
courtesy Galerie Schöttle

Thomas Ruff wurde 1958 in Zell am Harmersbach im Schwarzwald geboren. Er lebt und arbeitet in Düsseldorf. Das Studium an der Kunstakademie Düsseldorf absolvierte er von 1977 bis 1985 bei Bernd Becher. Dort leitete er von 2000 bis 2006 die Klasse für Fotografie, die ehemalige „Becher-Klasse", die unter der Bezeichnung „Düsseldorfer Fotoschule" als eine der bedeutendsten Gruppen in der Fotokunst gilt. Ruff wurde mit zahlreichen Preisen ausgezeichnet, darunter der Hans-Thoma-Preis, der Dorothea von Stetten Kunstpreis und der Preis der Jürgen-Ponto Stiftung.

Noch zu Studienzeiten rückte das menschliche Antlitz als Motiv ins Zentrum von Ruffs Schaffen. Es entstand eine Serie von Portraits seiner Kommilitoninnen und Kommilitonen, die dem Künstler große Aufmerksamkeit verschaffte. Die sachliche und minutiöse Darstellung der Oberfläche eines Gesichts weist für ihn darauf hin, dass dahinter eine fremde, unzugängliche Welt beginnt, die ein Fotograf nicht einzufangen weiß. Seine Werke sind ähnlich systematisch und objektivierend wie die seiner Lehrmeister Bernd und Hilla Becher, und von einer klaren, schlichten Bildsprache sowie der konzeptionellen Behandlung von Themen in Serien geprägt. Im Unterschied zu Bernd und Hilla Becher konzentriert sich Ruff aber nicht auf ein einziges Thema, sondern widmet sich nahezu allen Erscheinungs- und Anwendungsformen des fotografischen Mediums. Dabei fotografiert er nicht nur selbst, sondern greift für ausgewählte Serien auch auf Fremdmaterial zurück, welches dann von ihm bearbeitet wird.

Seit etwa 1999 beschäftigt sich Ruff mit der Serie der ‚nudes'. Hier handelt es sich um ursprünglich pornographische Bilder, die der Künstler im Internet findet und diese dann modifiziert. Dabei arbeitet er mit Verwischungen, Unschärfen und Farbveränderungen, um die ursprünglichen Bildinhalte aufzulösen. Die verschwommen wirkenden Oberflächen erinnern an Malerei, und schließen die Arbeit so an die Tradition der Aktmalerei an. Lichtführung, Weichheit und Stofflichkeit evozieren berühmte Gemälde von Caravaggio und Francisco de Goya.[1] Durch Ruff wird ein großer Bogen zwischen zwei Bildgattungen gespannt: Die eine, die Pornographie, ist am unteren Ende des kulturellen Spektrums angesiedelt, die andere, die Aktdarstellung, am oberen. Ruff gleicht seine Fotografien hier methodisch derjenigen der Piktorialisten aus dem 19. Jahrhundert an, da sowohl ein malerisches Genre als auch ein malerischer Ausdruck imitiert werden, um eine symbolische Darstellung von Gemütszuständen zu erreichen.

Thomas Ruff

---

1   Vgl. Valeria Liebermann, „Thomas Ruff. ‚nudes' – die Kunst der Pornografie", in: *Eikon. Internationale Zeitschrift für Photographie & Medienkunst*, Heft 32, 2000, 3–10.

Tejal Shah

Waiting I, 2007   27
Digitale Farbfotografie
auf Leinenpapier, gerahmt,
76 × 76 cm,
courtesy Sammlung
Kunstmuseum Wolfsburg
Waiting II, 2007   28
Digitale Farbfotografie
auf Leinenpapier, gerahmt,
76 × 76 cm,
courtesy Sammlung
Kunstmuseum Wolfsburg
I AM, 2010   30
Digitale Diashow, Größe
variabel

Waiting I, 2007

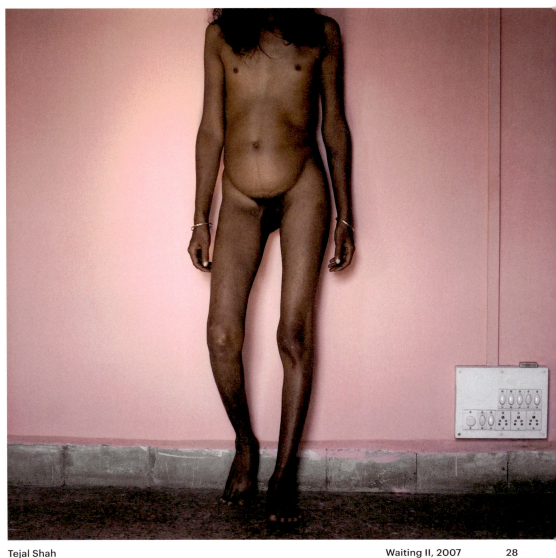

Tejal Shah — Waiting II, 2007

Tejal Shah nutzt künstlerische Medien abseits der Tradition, um sich zu Fragen sexueller und sozialer Zugehörigkeit zu äußern. Sie schloss sich früh einer jungen Generation indischer Künstler an, die ab der Jahrtausendwende begonnen hatten, mit Fotografie, Film und Video zu arbeiten. Die Werke von Shah vermitteln ein vielschichtiges Bild der wechselseitigen Beziehungen zwischen Genderfragen, Ökologie, Wissenschaft, Sexualität und Bewusstsein. Buddhistische Konzepte, wie die Befreiung von jeglicher Form der Gewalt und das Erreichen einer metaphysische Ebene der bedingungslosen Zuneigung und Furchtlosigkeit, sind Themen, die sie in ihre künstlerische Arbeit einfließen lässt, ebenso wie die Auflösung dualistischer Kategorisierungen (wie zum Beispiel Mann/Frau, ich/die anderen). Dabei bezieht sie Überlegungen zu Gewalt und Macht einerseits und zu Liebe und Regeneration anderseits in ihre Werke mit ein. Shahs Arbeit zeugt – besonders vor dem Hintergrund der gesellschaftspolitischen Situation in Indien – von Mut und großer künstlerischer Eigenständigkeit geprägt.

Die beiden Fotoarbeiten im DG Kunstraum ‚Waiting I und II' (2007) wurden 2011 erstmals in Deutschland in der Barbara Gross gezeigt. Zu sehen ist auf beiden Bildern ein nackter Körper vor einer rosafarbenen Wand. Beide Fotografien unterscheiden sich nur durch die veränderte Position der Beinstellung der portraitierten Person, deren Kopf nicht zu sehen ist. Dunkle, lange Haare fallen auf eine schmale, flache Brust. Der Bauch ist vor Hunger aufgebläht. Auffallend sind zwei goldene Armreifen an den Handgelenken, auf Höhe des Beckens. Sie flankieren das deutlich erkennbare weibliche Geschlechtsteil.

Die Aufnahmen ‚Waiting I und II' bilden eine transsexuelle Person nach der Geschlechtsumwandlung ab. Die vom Betrachter vorschnell vollzogene Einordnung in eine sexuelle Zugehörigkeit ist trügerisch, denn der nackte Körper offenbart nichts über das Schicksal, das Leid oder die Vorlieben der dargestellten Person. Der Titel der beiden Fotografien beeinflusst die Interpretation des Werkes: Worauf wartet die Person, die sich bewusst für das andere Geschlecht entschieden hat? Auf eine Gesellschaft, die offen ist für nichtbinäre Geschlechtsidentität? Wartet sie auf Annahme, Akzeptanz oder Erlösung? Ein großes Thema der Künstlerin, die selbst feministisch aktiv und queer ist, ist die Suche nach biologischer („sex") und sozialer („gender") Zugehörigkeit – sowie die weiterführende Frage, wie der Mensch, wenn er sie gefunden hat, sein Leben erfüllt leben kann.

Tejal Shah wurde 1979 in Bhilai, Indien geboren. Seit 1995 lebt und arbeitet sie in Mumbay. Ihr Studium hat sie im Ausland absolviert: In Australien studierte sie Fotografie am Royal Melbourne Institute of Technology und schloß daraufhin ein Aufbaustudium am Art Institute of Chicago an.

Tejal Shah

I AM, 2010

Pola Sieverding

The Epic (#2), 2016/2020   3
Pigmentdruck auf Papier,
112 × 168 cm,
courtesy Knust Kunz
Gallery Editions
The Epic (#1), 2016/2020   4
Pigmentdruck auf Papier,
112 × 168 cm,
courtesy Knust Kunz
Gallery Editions

Pola Sieverding

The Epic (#2), 2016/2020   3

The Epic (#1), 2016/2020   4

Pola Sieverding, geboren 1981, lebt und arbeitet in Berlin. 2002 studierte sie an der Carnegie Mellon University in Pittsburgh, Pennsylvania und 2005 am Surikov Institut in Moskau. 2007 folgte der Abschluss als Meisterschülerin an der Universität der Künste in Berlin. Pola Sieverding arbeitet mit den Medien Fotografie, Film und Video.

Die beiden Aufnahmen von Pola Sieverding sind Teil eines Werkkomplexes mit dem Titel ‚The Epic'. Dabei handelt es sich um Fotografien und Filmaufnahmen eines von der Künstlerin inszenierten Boxkampfes. In einem „Epos" wird ein monumentales Heldennarrativ erzählt, so auch bei Pola Sieverding: Der schwarze Hintergrund unterstreicht die muskulösen Oberkörper der Männer, die Bilder rufen Assoziationen an sportliche Wettkämpfe in der Antike hervor. Die suggerierte archaische Männlichkeit der Motive steht im klaren Kontrast zu früheren Arbeiten der Künstlerin, die darauf abzielten, Geschlechternormen aufzubrechen und den Fokus auf fluide, queere Körperinszenierungen zu legen.

Unser Blick, beziehungsweise die Kameralinse, befindet sich so nah an den Portraitierten, dass wir scheinbar mit ihren Körpern kollidieren. Diese Form der Präsentation unterscheidet sich erheblich von dem Bild, das wir normalerweise von Boxwettkämpfen zu sehen bekommen. Ob in der Halle vor Ort oder in der sportlichen Berichterstattung am Bildschirm: Nie sind wir dem Geschehen so nah. Dabei sind wir mit den Kämpfern allein und es ist still. Es ist kein Startschuss und kein Anfeuern durch das Publikum zu hören. Wann beginnt der Kampf, und wie wird die erste Runde enden?

Beide Boxer haben eine ähnliche Statur und stehen sich frontal gegenüber. Es ist ein spannungsvolles Abwarten, das den weiteren Verlauf des Kampfes noch nicht antizipiert. Die tatsächliche Dauer dieses Moments ist ungewiss. Die beiden Männer stehen aber so da, als ob sie sich schon eine Weile studiert hätten und aus dem Lidschlag oder der kleinsten Bewegungen des anderen eine Strategie für den Kampf ausarbeiten würden.

Im zweiten Bild halten sich die Kämpfer in den Armen. Für den Betrachter ist nicht eindeutig, ob es sich um einen sogenannten „Clinch" handelt, also ein Umklammern im Fight, oder, ob sich die Boxer nach Ende des Kampfes in vollkommener Erschöpfung freundschaftlich umarmen. So oder so strahlt die Fotografie einen Moment immenser Sinnlichkeit aus.

Beide Bilder zeichnen sich durch Ambivalenz aus: Zwar ist das Setting eindeutig, mit dem geschickt von Sieverding eingesetzten Licht als Bildhauer der gestählten Körper, dennoch sind die Emotionen, die durch die Motive ausgelöst werden, für den Betrachter uneindeutig. Es vermischen sich Erotik mit Furcht und Berührung mit Verletzung. Anspannung und Erlösung der Kämpfer sind gleichzeitig präsent und deutlich spürbar. Michael Kohtes schreibt über den Boxkampf bei Pola Sieverding: „[W]o der Opferwille entfacht und das Leben aufs Spiel gesetzt wird, verliert das Böse seinen Schrecken, entpuppt sich die Angst als Begierde. [...] [I]m kultischen Exzess kommen Wollust und Gräuel, Eros und Thanatos zur Deckung."[1]

1   Michael Kohtes, in Pola Sieverding:
    The Epic, Hg. Neuer Aachener Kunstverein,
    Hatje Cantz, 2018, 57.

Jana Sterbak

Vanitas: Flesh Dress for
an Albino Anorectic,
1987/2006
Farbfotografie, 49×36 cm,
courtesy the artist and
Anna Kraus

Jana Sterbak

Vanitas: Flesh Dress for an Albino Anorectic, 1987/2006

Jana Sterbak wurde 1955 in Prag geboren. Sie studierte an der Concordia University in Montréal, Kanada. Dort lebt und arbeitet sie noch heute. Ihre Teilnahme an der Biennale von Venedig (1990) sowie ihre Einzelausstellung in der National Gallery of Canada (1991) verhalfen ihr zum künstlerischen Durchbruch. Es folgten zahlreiche Einzel- und Gruppenausstellungen, unter anderem eine Retrospektive im Centre Georges Pompidou in Paris. 2012 wurde sie mit dem kanadischen Governor General's Award for Visual and Media Arts ausgezeichnet.

Nicht nur in ihrer Heimat zählt Jana Sterbak zu jenen herausragenden Künstler*innen, die auch aus inhaltlichen Gründen offensiv die Grenzen zwischen Skulptur, Installation, Performance, Video und Film ausloten. Wie sonst ließe sich „der menschliche Körper als Schnittstelle zwischen Sinnlichkeit und Geist"[1] subtiler in Szene setzen, als durch den ständigen Wechsel zwischen statischen und bewegten Medien?

Unter dem Eindruck der Genforschung erregte eine Reihe von Künstler*innen in den 1990er Jahren Aufsehen mit Grundsatzfragen zu Subjekt und Identität, Körper, Geist und Emotion, Leben und Tod. Jana Sterbak kann man mit ihren der feministischen Kunst zugeordneten Werken, die sich oftmals mit dem Körper und Machtstrukturen auseinandersetzen, dazu zählen.

In dieser Zeit ist eine Reihe von performativen Skulpturen und Fotografien entstanden, zu denen auch die Arbeit ‚Vanitas: Flesh Dress for an Albino Anorectic', zählt, die zum damaligen Zeitpunkt große Aufmerksamkeit erregte. Zu sehen ist eine nackte Frau, die auf der weißen Haut ein Kleid aus rohem, rotem Fleisch trägt. Diese Fotografie zählt bis heute zu den umstrittensten Ikonen einer an Provokationen nicht gerade armen jüngeren Kunstgeschichte. Gerade in der Modebranche werden Modelle, egal ob männlich oder weiblich, auf ihren Körper und somit auf ihr Fleisch reduziert. Sterbak scheint die offensichtlichen Defizite einer anorektischen Frau mit Pigmentstörung durch ein Kleid aus Fleisch ausgleichen zu wollen.

2010 trug Lady Gaga bei den MTV Music Video Awards ebenfalls ein Kleid aus Fleisch. Als Referenz gibt sie aber die Maskenbildnerin Val Garland an. Auch die Sängerin wollte mit diesem Kleid dazu aufrufen, sich nicht auf das Fleisch, auf unseren Knochen reduzieren zu lassen.

Ein zweites Thema, das in der Arbeit ‚Vanitas' anklingt, ist die eigene Vergänglichkeit: Trotz aller Erfindungen in den Bereichen Technik und Wissenschaft, kann die Menschheit dem Verwandlungsprozess des Alterns nicht entfliehen. Unsere Sterblichkeit verbindet uns mit allen anderen organischen Lebewesen.

1   Annelie Pohlen, „Life-Size. Lebensgröße", *Kunstforum*, Bd. 246, 2017, 270.

Sophia Süßmilch

Wir wollen keine Gleichberechtigung, wir wollen Rache, 2009
C-Print auf Alu-Dibond, 60 × 90 cm

Sophia Süßmilch

Wir wollen keine Gleichberechtigung, wir wollen Rache, 2009

Sophia Süßmilch wurde 1983 in Dachau geboren. Sie lebt und arbeitet in München, Berlin und Wien. Sie absolvierte ein Studium an der Akademie der bildenden Künste München bei Stephan Huber, an der Akademie der bildenden Künste Wien bei Professor Ashley Hans Scheirl und an der Hochschule für Gestaltung in Karlsruhe.

Süßmilch verhandelt und hinterfragt in ihren Arbeiten Schönheitsideale, Körper, Geschlechterrollen und gesellschaftliche Normen. Ausgangspunkt vieler Arbeiten ist dabei der weibliche Körper: in Performances und Fotografien ihr eigener, in der Malerei der Körper weiblicher Wesen, die mit ihren omnipräsenten Geschlechtsmerkmalen auf blauem Hintergrund ihr „Unwesen" treiben. Stefan Huber schreibt über die Künstlerin: „Sophia Süßmilch ist ein sich selbst erregender Zustand, eine Störung der patriarchalen Besinnlichkeit."[1]

Der provokante Titel der Fotografie in der Ausstellung gibt dem Motiv eine eindeutige Leserichtung. Keine Frage, diese Frau begehrt auf. ‚Wir wollen keine Gleichberechtigung, wir wollen Rache', soll heißen: Wir sind jetzt dran! Rache ist Süßmilch. Nieder mit dem Patriarchat, ist die Botschaft, wobei dies jenseits extremistischer Handlungen stattfinden soll. Matriarchate sind ja nicht die spiegelbildliche Umkehrung von Patriarchaten, indem dort Frauen über Männer herrschen – wie es das gängige Vorurteil will.

Die Fotografie zeigt verschwommen zwei junge Frauen, die, bis auf die karnevalesk anmutenden Accessoires, unbekleidet im dunklen Innenraum eines Campingbusses kauern. Die beiden sind im wahrsten Sinne des Wortes gewappnet auf einen möglichen, nächsten Übergriff. Zur Verteidigung ihrer Körper schwingen die zwei Amazonen Lichtschwerter aus Plastik. Das schützt nicht vor Tieren, aber vielleicht vor den testosterongesteuerten Urlaubern außerhalb des schützenden Fahrzeugs.

[1] Stephan Huber, „Fröhliche Kannibalin", auf www.sophiasuessmilch.com/about/texts/ [Stand: 25. Februar 2021].

Sophia Süßmilch

Video

137 Yalda Afsah und Ginan Seidl
141 HAVEIT
145 Sara Mayoral Jiménez
149 Cyrill Lachauer
153 Domino Pyttel
157 Lilian Robl
161 Tejal Shah
165 Sophia Süßmilch (mit Valentin Wagner)
169 Susanne Wagner

Yalda Afsah und Ginan Seidl

Bacha Posh, 2016
2-Kanal-Full HD Video,
30'

Yalda Afsah, geboren 1983 in Berlin. Studium an der Universität der Künste Berlin, der Burg Giebichenstein Kunsthochschule Halle sowie dem California Institute of the Arts. Als Filmemacherin befragt sie, vom Dokumentarischen ausgehend, die Grenzen zwischen Konstruktion und Realität – und lässt diese verschwimmen. Sie erhielt mehrere Auszeichnungen für ihre künstlerische Arbeit, ihre Filme wurden auf zahlreichen Festivals gezeigt, u. a. auf dem Locarno Film Festival, dem New York Film Festival, den Internationalen Kurzfilmtagen Winterthur und im Neuen Berliner Kunstverein.

Ginan Seidl, geboren 1984 in Berlin, lebt und arbeitet in Halle/Saale. Studium der Bildhauerei in Halle, Berlin und Mexiko-Stadt. 2012 Teilnahme an der Professional Media Master Class, 2015/ 2016 am PMMC Lab bei Werkleitz e.V. Sie erhielt mehrere Auszeichnungen für ihre künstlerische Arbeit und Aufenthaltsstipendien für Istanbul und Mexiko. Sie ist Mitglied des Rosenpictures Filmkollektivs.

Yalda Afsah und Ginan Seidl — Bacha Posh, 2016 — 40

When father wept, mother washed my eyes, 2014   34
4-Kanal Video Installation, ohne Ton, 10'07"

HAVEIT (Alketa und Lola Sylaj und Hana und Vesa Qena) ist ein Künstlerkollektiv aus dem Kosovo, bestehend aus vier Frauen. Es wurde 2011 in Reaktion auf die Ermordung von Diana Kastrati gegründet, die mitten in der Stadt von ihrem Ex-Mann ermordet wurde. Das Künstlerkollektiv bedient sich öffentlicher Performances, der Fotografie und Videokunst, um auf soziale Themen im Kosovo aufmerksam zu machen, darunter die Rolle der Frau in der Gesellschaft und die Rechte von LGBT+. HAVEIT ist bekannt für seine öffentlichen Performances, in denen sich das Kollektiv – in den meisten Fällen – gegen Gender-Stereotype, die Diskriminierung von Frauen und von LGBT+ auflehnt. 2018 erhielt HAVEIT den Democracy Price der Kosovo Civil Society Foundation (KCSF) für seinen Einsatz für demokratische Werte im Land und seine Reaktion auf die Ungleichheit der Geschlechter, Gewalt gegen Frauen und die Diskriminierung von LGBT+.

Sara Mayoral Jiménez

100 ways to be inside a rectangle, 2021
Video, 18'01"

Sara Mayoral Jiménez, geboren 1993 in Madrid, lebt und arbeitet in München. Sie studierte Kunst in Madrid und Warschau und studiert aktuell bei Johanna Reich an der Akademie der Bildenden Künste in München. Bereits während ihres Studiums stellte sie ihre Arbeiten in Deutschland, Spanien und Polen aus.

Sara Mayoral Jiménez — 100 ways to be inside a rectangle, 2021

Cyrill Lachauer

Full Service, 2014
Video, 6'56"

Cyrill Lachauer, geboren 1979 in Rosenheim, lebt und arbeitet in Berlin und Los Angeles als freischaffender Künstler, Autor und Filmemacher. Studium der Ethnologie an der Ludwig-Maximilians-Universität München und der Bildenden Kunst bei Lothar Baumgarten an der Universität der Künste Berlin.

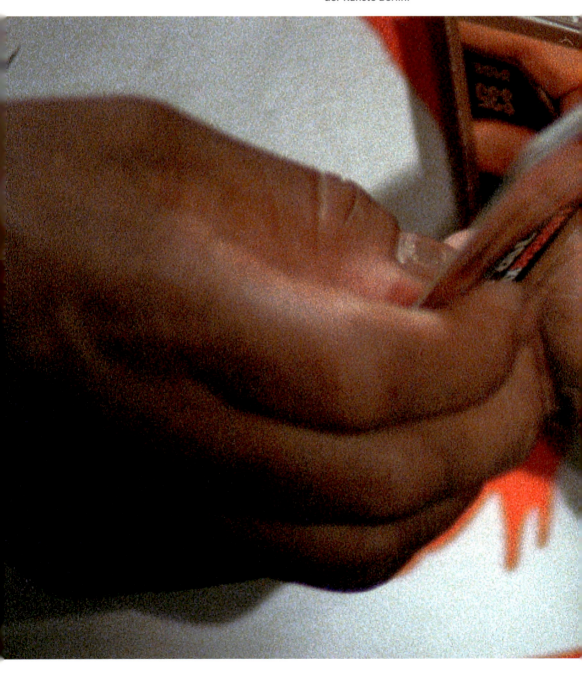

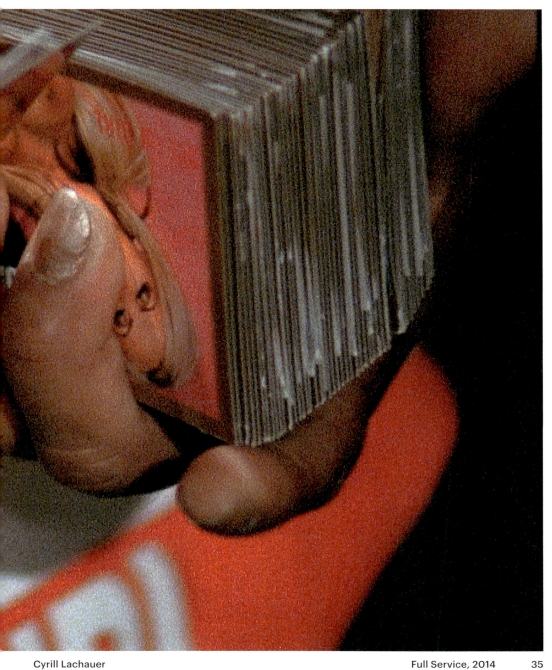

Cyrill Lachauer — Full Service, 2014

Domino Pyttel

Make today amazing,
2018–2021
Video, 5'

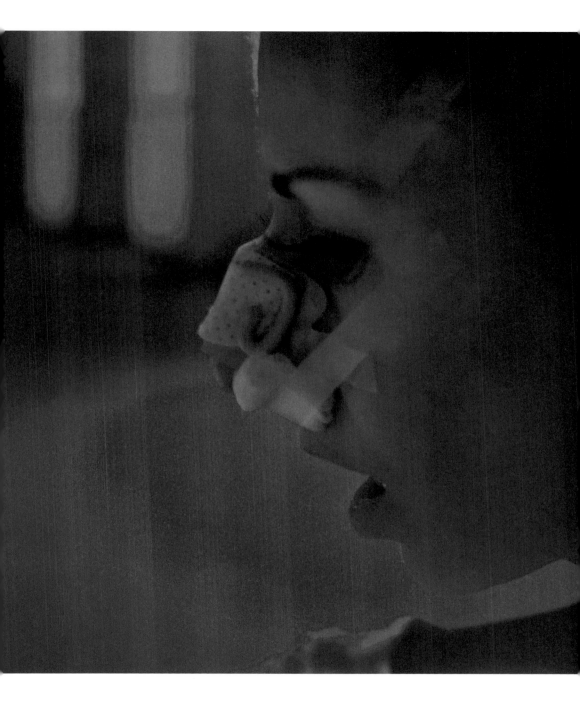

Domino Pyttel (w), geboren 1989, lebt und arbeitet in München. Sie studierte Freie Kunst mit Schwerpunkt Performance und Installation. Ihre Performances fanden zuletzt in York, Zürich, Glasgow und auf Ibiza statt. Sie ist Herausgeberin des Magazins *Evolution & Lifestyle*. Seit 2017 arbeitet sie als freischaffende Künstlerin und Influencerin.

Lilian Robl

Anger is a liquid, 2020
Video 4K, 8'02"

Lilian Robl, geboren 1990, lebt und arbeitet in München. Studium der Kunstgeschichte, Literaturwissenschaften und Freien Kunst in München und Brüssel. Internationale Ausstellungen und Screenings (u.a. Athens International Digital Film Festival; File Festival São Paulo; Galerie Weisser Elefant Berlin; Kunstverein München). Sie ist Mitglied eines transdisziplinären Forschungsverbundes, welcher auf die Realisierung eines Thesaurus der literarischen Sprachfiguren und Bildbegriffe hinarbeitet.

Tejal Shah

Untitled (on violence), 2010 41
Installation mit 1-Kanal-
Video, 3', LED-Texttafel und
Fotografie, 150 × 198 cm,
Installationsansicht
Kunstmuseum Wolfsburg

Tejal Shah, geboren 1979 in Bhilai, Indien, lebt und arbeitet in Mumbai. Studium an der RMIT University in Melbourne. Shah verwendet Medien wie Fotografie, Video und Installation und versteht ihre Arbeit als feministisch und queer positioniert.

Tejal Shah — Untitled (on violence), 2010

Sophia Süßmilch (mit Valentin Wagner)

Videoprogramm 42
Family Meeting, 2010
Video, 0'20"
Desertsex, 2011
Video, 0'53"
Still life with water melons
and sexuality, 2019
Video, 0'16"
Mutterliebe, 2020
Video, 3'37"
Traurige Veranstaltung,
mit Valentin Wagner, 2020
Video, 2'22"
Fallbeispiel
Männlichkeit, 2020
Video, 0'09"
Liebe, dieses klebrige Wort,
mit Valentin Wagner, 2020
Video, 5'28"

Sophia Süßmilch wurde als deutsche Staatsbürgerin im letzten Jahrtausend geboren und stirbt in diesem. Valentin Wagner wurde gerade noch im letzten Jahrtausend geboren, und das als Österreicher. Süßmilch studierte Bildhauerei in München und dann Malerei in Wien, wo sich im Jahr 2017 Wagner und Süßmilch begegneten. Süßmilch arbeitet multimedial: Sie malt Ölbilder zur Beruhigung und ist gern nackig in ihren Foto- und Videoarbeiten. Ihre Arbeiten pendeln dabei zwischen ironischer Distanz und aggressiver Nähe, was auch ihrer Persönlichkeit entspricht. Wagner studiert aktuell Malerei und Grafik in München. Er arbeitet in den Bereichen Malerei, Sound und Performance; die Werke bewegen sich zwischen Kitsch und Groteske. Sophia Süßmilch ist Trägerin des Bayerischen Kunstförderpreises 2018 sowie des Förderpreises Bildende Kunst 2020 der Landeshauptstadt München.

Sophia Süßmilch (mit Valentin Wagner)   Videoprogramm   42

Susanne Wagner

Sue's Faust, 2017 38
Keramik, Nagellack
Kristijan, 2010 39
HD Video, 4'30"

Susanne Wagner, geboren 1977, lebt und arbeitet in München. 1998 bis 2004 Studium an der Akademie der Bildenden Künste in München und Wien, 2005 Diplom an der Akademie der Bildenden Künste München. In ihrer künstlerischen Arbeit nutzt Susanne Wagner das Medium Video als Bühne für ihre performativen Demonstrationen: Sie beschäftigt sich mit dem Prinzip der Interaktion. 2003 Deutscher Studienpreis der Körberstiftung Hamburg, 2005 Debütantenpreis des Bayerischen Staatsministeriums für Wissenschaft, Forschung und Kunst, 2010 Projektstipendium der Landeshauptstadt München, 2011 Bayerischer Kunstförderpreis, 2015 Kunstpreis der Bayerischen Akademie der Schönen Künste.

Sue's Faust, 2017

Performance

175 Sara Mayoral Jiménez
175 Stephanie Müller mit Klaus Erika Dietl
177 Domino Pyttel
176 Sophia Süßmilch mit Valentin Wagner
178 Doro Seror

Performance in der Galerie der Künstler am 12. Juni 2021

Klaus Erika Dietl, geboren 1974, und Stephanie Müller, geboren 1979, schätzen die Splitter im Gewebe und kratzen am Konkreten. Was passiert, wenn wir das Wartezimmer verlassen und den Raum dahinter betreten, wo sich im nächsten Level „Bilder aus Versehen" auf einem Seziertisch begegnen?
Der Mediendienst Leistungshölle ist die Münchner Basis des Duos. Im Austausch mit weiteren Künstlerkolleg*innen, Wissenschaftler*innen und sozialen Projekten arbeiten die beiden an der Schnittstelle von künstlerischer Forschung und Praxis. Der Mediendienst Leistungshölle versteht sich dabei als nomadische Spiel- und Werkstätte. Objekte und Installationen werden zu bespielbaren Angriffsflächen. Mal tauchen sie in filmischen Arbeiten auf, dann werden sie zu performativen Requisiten im öffentlichen Raum.
Dietl und Müller sind seit vielen Jahren in der Münchner Subkultur aktiv. Des Weiteren zeigen sie ihre Performances und Mixed Media-Projekte in Einrichtungen wie der documenta Halle, dem Staatstheater Darmstadt, der Frankfurter Schirn und der Berliner Akademie der Künste. Seit März 2020 sind sie Teil des interdisziplinären Forschungsprojektes ‚Räume kultureller Demokratie' am Kunstschwerpunkt des Mozarteums und der Universität Salzburg.

Sara Mayoral Jiménez, geboren 1993 in Madrid, lebt und arbeitet in München. Sie studierte Kunst in Madrid und Warschau und studiert aktuell bei Johanna Reich an der Akademie der Bildenden Künste in München. Bereits während ihres Studiums stellte sie ihre Arbeiten in Deutschland, Spanien und Polen aus.

Domino Pyttel (w), geboren 1989, lebt und arbeitet in München. Sie studierte Freie Kunst mit Schwerpunkt Performance und Installation. Ihre Performances fanden zuletzt in York, Zürich, Glasgow und auf Ibiza statt. Sie ist Herausgeberin des Magazins *Evolution & Lifestyle*. Seit 2017 arbeitet sie als freischaffende Künstlerin und Influencerin. Mit Murat Kiziltas tritt Domino Pyttel im Rahmen der Ausstellung ‚Paradise Lost #gender shift' gemeinsam auf.

Sophia Süßmilch wurde als deutsche Staatsbürgerin im letzten Jahrtausend geboren und stirbt in diesem. Valentin Wagner wurde gerade noch im letzten Jahrtausend geboren, und das als Österreicher. Süßmilch studierte Bildhauerei in München und dann Malerei in Wien, wo sich im Jahr 2017 Wagner und Süßmilch begegneten. Süßmilch arbeitet multimedial: Sie malt Ölbilder zur Beruhigung und ist gern nackig in ihren Foto- und Videoarbeiten. Ihre Arbeiten pendeln dabei zwischen ironischer Distanz und aggressiver Nähe, was auch ihrer Persönlichkeit entspricht. Wagner studiert aktuell Malerei und Grafik in München. Er arbeitet in den Bereichen Malerei, Sound und Performance; die Werke bewegen sich zwischen Kitsch und Groteske. Sophia Süßmilch ist Trägerin des Bayerischen Kunstförderpreises 2018 sowie des Förderpreises Bildende Kunst 2020. Wagner ist derzeit noch nicht preisgekrönt. Die beiden leben in München, Wien und Berlin. Seit 2018 arbeiten sie zusammen. Als ‚Wagner Spezial' treten sie erstmals im Rahmen der Ausstellung ‚Paradise Lost #gender shift' auf.

Sara Mayoral Jiménez	44
Mediendienst Leistungshölle: Klaus Erika Dietl und Stephanie Müller	45
Wagner Spezial: Sophia Süßmilch und Valentin Wagner in Interaktion mit Domino Pyttel und Murat Kiziltas	46
	47

Sara Mayoral Jiménez
Performance 44

Mediendienst Leistungshölle:
Klaus Erika Dietl
und Stephanie Müller
Performance
Halbtote Stillleben, 2019 45

Sophia Süßmilch
If you think you are a performance artist, but you're really just a meme,
Tanzquartier Wien, 2019 46

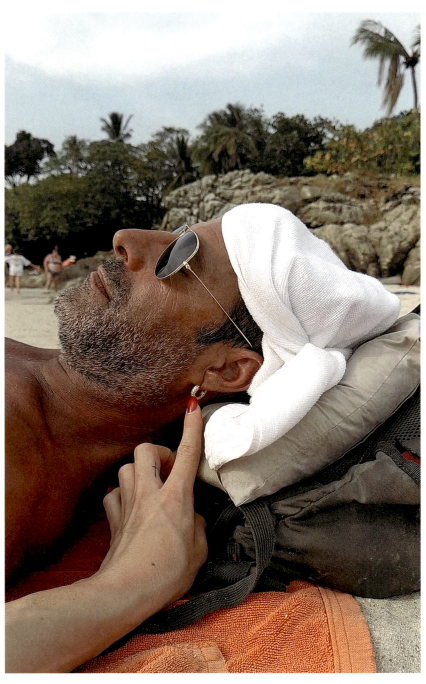

Domino Pyttel
Paradise Beach,
Domino Pyttel und Murat
Kiziltas, 2020

Performance im
DG Kunstraum am 16. Juli 2021

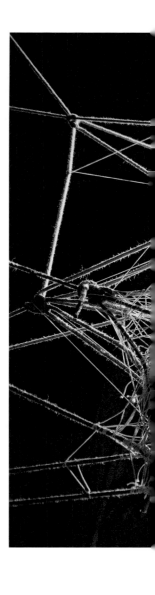

Doro Seror 48
‚Mädchenfänger'

Dorothea Seror studierte Kunst an der Akademie der bildenden Künste in München. Ihr künstlerisches Schaffen umfasst Performances, Skulpturen, Installationen, Bilder, konzeptuelle Kunst, Land Art und mehr. Sie lehrt, leitet, kuratiert und organisiert im Bereich bildende und performative Kunst. Als Solokünstlerin wird sie weltweit auf Ausstellungen, Biennalen, Festivals und andere künstlerische Plattformen sowie für Residencies eingeladen. Die Topoi ihres künstlerischen Schaffens sind Nachhaltigkeit und Wiederverwertung: Sie verwertet bereits Benutztes wieder, einschließlich ihrer eigenen Kunst, so dass diese einem ständigen Prozess der Erneuerung unterworfen ist.

Doro Seror
Buddha is waiting,
München, 2012

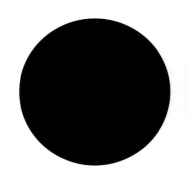

Texte II

Michael Brinkschröder	182	Männlich und weiblich schuf sie sie Die Erschaffung der Menschen queer gelesen
Rainer Hepler	190	Göttliche Nacktheit Eine Spurensuche in den römischen Katakomben
Peter Trawny	204	Körper, die begehren
Celina Prüfer	212	Von der (Un-)Möglichkeit, möglich zu sein Die Bedeutung von Unterwerfung und Widerstand für das (geschlechtliche) Subjekt
	223	Impressum

Michael Brinkschröder

Männlich und weiblich
schuf sie sie

Die Erschaffung der Menschen queer gelesen

Die beiden Schöpfungstexte in Gen 1–3, der priesterliche Bericht und die weisheitliche Paradieserzählung, wurden in der Geschichte des Christentums oft dazu benutzt, um eine gottgewollte Ordnung zu konstruieren, die auch eine Ordnung der Geschlechter umfasst. So hat z.B. Papst Johannes Paul II. in seiner ‚Theologie des Leibes' die Paradiesgeschichte als eine Geschichte über das „bräutliche Wesen" von Mann und Frau gedeutet, das eingesenkt in ihre Körper die göttliche Sinnvorgabe für ihre Lebensführung darstellt: Mann und Frau sollen „ein Fleisch" (Gen 2,24) werden, weil sie dies schon im Paradies geworden sind.[1] Die Beziehung zwischen Braut und Bräutigam ist für den Papst wiederum Urbild für die Beziehung zwischen der Kirche und Christus (Eph 5,21–33). In den zahlreichen biblischen Geschichten, entlang derer der Papst seine ‚Theologie des Leibes' entwickelt, kommen nur zwei Geschlechter, Männer und Frauen, vor, die sich heterosexuell aufeinander beziehen – eine scheinbar perfekte heteronormative Welt, in die auch der zölibatär lebende Priester noch in der Sonderrolle als „Eunuch für das Himmelreich" (Mt 19,12) eingepasst wird.

> Doch die biblischen Texte sind weitaus sperriger als diese geschlechtlich binäre und heteronormative Idylle es wahrhaben will, denn achtet man darauf, wie sie diesem kirchlich produzierten Erwartungshorizont widersprechen, lassen sich zahlreiche Fundstücke zusammentragen, die bislang übersehen worden sind. Die queere Lektüre sucht nach Textstellen, die sich der „heterosexuellen Matrix" (Judith Butler) – sowohl der Antike wie auch der Gegenwart – entgegenstellen. Sie kehrt den Buchstaben, das Fleisch und das Begehren gegen einen Geist, der sie unsichtbar machen will und daher nicht verdient, heilig genannt zu werden. Anhand der Frage nach dem Geschlecht der Menschen in den Schöpfungstexten will ich die mögliche Vielfalt von Auslegungen veranschaulichen.

Der priesterliche Schöpfungsbericht, etwa im letzten Drittel des 6. Jahrhunderts v. Chr. verfasst, schreibt über die Erschaffung des Menschen: „Und die Gottheit ['elohim] schuf den Menschen ['adam] als ihr Bild, als Bild der Gottheit ['elohim] schuf sie ihn; männlich [sachar] und weiblich [neqeva] schuf sie sie." (Gen 1,27) Was kann eine queere Lektüre hier ergeben?

> Beginnen wir mit der Übersetzung des Wortes „'elohim". Die beiden jüngsten offiziellen Bibelübersetzungen (Lutherbibel und Einheitsübersetzung) halten daran fest, das Tetragramm JHWH durch „HERR" wiederzugeben. Dem liegt eine lange jüdisch-christliche Tradition der Ehrfurcht vor dem Gottesnamen zugrunde. Doch erzeugt die Wiedergabe durch „HERR" die Vorstellung, dass JHWH ein männliches Wesen ist, was in Hosea 11,9 jedoch ausdrücklich

bestritten wird: „Denn Gott bin ich und nicht ein Mann".[2] Daher schlage ich vor, „'elohim" nicht mit „Gott", sondern mit dem grammatikalisch weiblichen Abstraktum „Gottheit" zu übersetzen. Lexikalisch ist das unproblematisch, hat aber den Vorteil, dass das grammatikalische Geschlecht auch weibliche Assoziationen zu wecken vermag. An keiner Stelle der Bibel dürfte dies folgenreicher sein als in Gen 1,27, wo ausgesagt wird, dass der Mensch als Bild der Gottheit geschaffen wird.

Aber welches Geschlecht hat hier „der Mensch"? Im Gegensatz zu „'elohim", dessen grammatikalische Form zwar einen Plural, sachlich aber einen Singular darstellt, kommt das Wort „'adam" im Hebräischen nur im Singular vor, verweist aber in der einen Figur auf die Menschheit. Übersetzt man dabei durchgängig „der Mensch", dann erhält man skurril-androzentrische Formulierungen wie „der Mensch und seine Frau". Vor allem in der Paradiesgeschichte muss man daher versweise überlegen, ob „'adam" Menschheit, Mann oder das Individuum mit dem Namen „Adam" bedeutet.[3] Dies Changieren wird auch in Gen 5,1–3 sichtbar, wo die Priesterschrift nach dem Einschub der weisheitlichen Urgeschichte noch einmal die Formulierung aus Gen 1,27 aufgreift, ihr aber eine interessante Wendung gibt:

„1 Dies ist das Buch der Geschlechterfolge Adams ['adam]. Am Tag, als die Gottheit ['elohim] einen Menschen ['adam] schuf, machte sie ihn als ein der Gottheit ['elohim] Ähnliches. 2 Männlich und weiblich schuf sie sie [pl.]. Und sie segnete sie und nannte ihren Namen ‚Mensch' ['adam] am Tage, als sie erschaffen wurden. 3 Und Adam ['adam] lebte 130 Jahre. Und er zeugte/sie gebar [jalad] [einen Sohn] als sein/ihr Ähnliches, das wie sein/ihr Bild ist. Und er/sie nannte seinen Namen Seth."

Das Wort „'adam" wird hier – und so auch in der Einheits- und Lutherübersetzung – zweimal als Mensch und zweimal als Adam, d.h. als Name eines männlichen Individuums, wiedergegeben. Doch dem liegt eine patriarchale Denkweise zugrunde, die die Geschlechterfolge einzig auf den zeugenden Mann zurückführt. Ebenso gut könnte man davon ausgehen, dass das Individuum Adam männlich und weiblich ist, wie es in Vers 2 ausgesagt wird. Die Männlichen und Weiblichen erhalten jeweils einzeln oder gemeinsam den Namen Adam, so dass der Name kein Geschlecht mehr markiert. Auch das Verb „jalad" hält die Unbestimmtheit hinsichtlich des Geschlechts von „'adam" aufrecht, denn im Hinblick auf Männer hat es die Bedeutung „zeugen", während es im Hinblick auf Frauen „gebären" bedeutet. Angesichts dessen, dass „'adam" unmittelbar zuvor als männlich und weiblich charakterisiert wird und im priesterlichen Schöpfungsbericht von Frau und

Mann gar nicht ausdrücklich die Rede ist, lässt sich keine Entscheidung treffen: „'adam" entzieht sich der Binarität der Geschlechter, ist zugleich männlich und weiblich, zugleich Singular und Plural, zugleich konkret und abstrakt. Dass die Menschen nicht als Mann und Frau, sondern „männlich und weiblich" erschaffen werden, ist hier – gegen die wirkmächtige Übersetzung von Martin Luther, an der die Lutherbibel bis heute festhält – ausdrücklich festzuhalten. Die Adjektive eröffnen einen größeren Spielraum für Interpretationen als die Substantive. Geht es hierbei ausschließlich um das körperliche Geschlecht, oder auch schon um das soziale Geschlecht und die Geschlechtsidentität? Der Mensch, männlich und weiblich, wurde als Bild der Gottheit geschaffen, als Statue(n), die sie repräsentiert bzw. repräsentieren. Als Statue Gottes galt in Ägypten und Assyrien der König, der die Gottheit repräsentiert. Zugleich ließ der ägyptische Pharao Statuen für sich erstellen, die ihn vergegenwärtigten. „Das Bild ist Teil der Person des Königs, quasi eine Erweiterung seiner Person."[4] Ist es nur der Körper des Menschen, der die Gottheit repräsentiert, oder seine gesamte Person, die in sich Körper, Geist und Seele vereint – und zwar selbst dann, wenn die geschlechtlichen Aspekte dieser drei Dimensionen der menschlichen Person nicht deckungsgleich sind? Auch wenn viele Theologen solche Inkongruenzen, wie sie z. B. bei trans- und intergeschlechtlichen Menschen vorliegen, gerne ignorieren, lässt die Schrift hier verschiedene Lesarten zu, denn die Formulierung *männlich und weiblich schuf sie sie* kann erstens als Disjunktion gedeutet werden, d.h. entweder männlich oder weiblich, wobei beide Kategorien als klar voneinander unterschieden aufgefasst werden. Dieses Verständnis entspricht der im 18. Jahrhundert entstandenen, modernen Sichtweise einer körperlich fundierten Geschlechterdichotomie und ist für uns daher naheliegend, gibt jedoch nicht unbedingt die Sichtweise der Antike wieder.[5] Fragwürdig ist diese Deutung vor allem dann, wenn sie davon ausgeht, dass die Menschheit restlos auf beide Kategorien aufgeteilt werden kann bzw. muss, und nicht anerkennt, dass es Menschen gibt, die nicht in dieses binäre Schema passen.[6]

Ein zweites Verständnis ist additiv: Die Menschen sind zugleich *männlich und weiblich*, im Menschen stecken Aspekte von beiden Geschlechtern. Dies kann wiederum auf das körperliche Geschlecht bezogen werden und die ersten Menschen als Hermaphroditen oder intergeschlechtlich ausweisen (s.u.), oder aber auf die geschlechtliche Mischung verschiedener Aspekte von Gender und Geschlechtsidentität, die durch Verinnerlichung zustande kommen.

Ein drittes Verständnis geht von einem *Kontinuum zwischen den Polen* „männlich und weiblich" aus. Die Schweizer Theologin Monika Egger erläutert dazu: „Männlichkeit und Weiblichkeit werden in diesem Text [...] nicht bestimmten Menschen („Adam" und „Eva" als Eigennamen) zugesprochen, sondern bilden zwei Pole der Menschheit. Zwei Pole, die durchaus auch Vielfalt zulassen, oder zumindest nicht auf einzelne Individuen festgelegt sind."[7]

Nach dem zweiten und dritten Verständnis ist die Zweigeschlechtlichkeit in Gen 1,27 nicht zwingend als Komplementarität von Mann und Frau angelegt, sondern stellt lediglich die Verschiedenheit von männlich und weiblich fest. „Der Wortlaut des Textes gibt nicht einmal die Identifikation von Frauen mit weiblichen und von Männern mit männlichen Menschen her [...] und schreibt deshalb auch keine exklusive Komplementarität von Männern und Frauen fest."[8] Somit begründet der Vers nicht die heterosexuelle Ehe, sondern die relationale Personalität des Menschen in Beziehung. Dagegen lässt sich auch Vers 28 nicht ohne Weiteres ins Feld führen. Er wird oft fälschlich als Mehrungsauftrag oder gar als Vermehrungsbefehl gedeutet, doch bei „seid fruchtbar und mehrt euch" handelt es sich um den Inhalt des Segens, den die Gottheit den Menschen zuspricht. Ebenso wie zuvor in Vers 22 die Fruchtbarkeit der Tiere des Meeres und des Himmels, wird nun die der Menschen mit der Schöpfermacht der Gottheit in Verbindung gebracht und bleibt für den Menschen unverfügbar.

Der zweite Schöpfungstext, Gen 2–3, wurde im Rahmen der Neueren Urkundenhypothese als „jahwistisch" bezeichnet und in die Zeit Salomos datiert. Seit dem Zusammenbruch dieser Hypothese ist er jedoch quasi heimatlos geworden, da er nicht zu einer umfassenderen Redaktion im Pentateuch gehört. Dies erschwert seine Datierung, so dass einige ihn als vorexilisch (oder seltener als exilisch), andere aber als perserzeitlich betrachten. Umstritten ist weiterhin, ob der Text einheitlich oder über mehrere Traditions- und Redaktionsstufen gewachsen ist. Weitgehende Übereinstimmung besteht jedoch mittlerweile darin, dass es sich um eine weisheitlich geprägte Erzählung handelt. Diese weisheitliche Urgeschichte ist ein ätiologischer Mythos, eine Erzählung, die darauf abzielt zu erklären, warum die Lage des Mannes als Ackerbauer so beschwerlich ist, und warum die Frau nach ihrem Mann Verlangen hat und er über sie herrscht. Was als Strafe der Gottheit JHWH erscheint (Gen 3,14–19) und durch die Vertreibung aus dem Garten Eden besiegelt wird, zeigt die Realität der menschlichen Lebenswelt.

Die Erschaffung von Menschen erfolgt in zwei Schritten: In Gen 2,7 wird die organische Beziehung zwischen dem

Menschen ('adam) und dem Ackerboden ('adama) hervorgehoben: „Da bildete die Gottheit JHWH den Menschen ['adam] aus Erde vom Acker ['adama] und blies in seine Nase Lebensatem. Da wurde der Mensch ['adam] atmendes Leben." Freilich ist dies keine Besonderheit des Menschen, da auch die Tiere aus Ackerboden geformt werden (Gen 2,19). Der Unterschied zwischen Mensch und Tier ist jedoch, dass der Mensch den Tieren ihre Namen gibt.

„Aber für den Menschen fand sich keine Hilfe, die so etwas wie ein Gegenüber wäre. Da ließ die Gottheit JHWH einen Tiefschlaf auf den Menschen ['adam] fallen, dass er einschlief, nahm eine von seinen Seiten, verschloss die Stelle mit Fleisch. Dann formte die Gottheit JHWH die Seite, die sie dem Menschen ['adam] entnommen hatte, zu einer Frau ['ischa] um und brachte sie zum Menschen ['adam]." (Gen 2,20b–22)

Beim Anblick der Frau erkennt der „Rest des Menschenwesens" (Frank Crüsemann) seine Verwandtschaft mit ihr, was der folgende Spruch „Dieses Mal ist es Knochen von meinem Knochen und Fleisch von meinem Fleisch" (Gen 2,23) zum Ausdruck bringt. In einer Wiederholung der Erzählstimme, die dies schon in Vers 22 festgestellt hat, nennt „'adam" sie „'ischah" (Frau), „denn vom 'isch [Mann] wurde sie genommen." (Gen 2,24)

Diese Deutung des Mannes muss sorgfältig von der Perspektive der Erzählstimme und der Perspektive der Gottheit unterschieden werden. Denn es ist keineswegs eindeutig, dass „der erste Mensch [...] männlich gedacht" wurde[9] und bereits vor seiner Teilung Mann war. Die feministische Exegetin Marie-Theres Wacker zumindest hält dem entgegen: „Auf der Ebene der Erzählfolge wird die Frau nicht nach und nach aus dem Mann geschaffen, sondern aus einem Teil des Menschen, woraufhin der verbliebene Teil erst zum Mann wird (2,22). Dieser ‚Rest des Menschenwesens', 'adam, aber behauptet, die Frau ('ischah) sei vom Mann ('isch) genommen (Gen 2,23)."[10]

Im Gegensatz zur bekannten Vorstellung der Erschaffung Evas aus einer Rippe von Adam hat sich mehr und mehr die Einsicht durchgesetzt, dass dem in einen Tiefschlaf versetzten Menschen nicht bloß eine Rippe entnommen wurde, sondern eine Hälfte, da das hier verwendete Wort „zela'" die eine Seite einer Flügeltür bedeutet. Vor diesem Hintergrund stellt sich auch die Frage nach der Entstehung der Geschlechterdifferenz neu, denn es ist nicht mehr möglich, den Menschen als männliche Kollektivpersönlichkeit oder als männliches Individuum namens „Adam" zu lesen. Der rabbinische Kommentar zur Genesis, Bereschit Rabba, der im 5. Jahrhundert n. Chr. in Palästina entstanden ist, löst dieses Problem, indem er den ersten Menschen als einen intergeschlechtlichen Menschen (androgynos) deutet. Dies kann sowohl von Gen 1,27 als auch von Gen 2,21 her begründet werden:

„Nach R. Jeremja ben Eleasar bildete Gott in der Stunde, wo er den ersten Menschen erschuf, ihn als Androgynos, wie es heisst: ‚Mann und Frau erschuf er sie.'

Nach R. Samuel bar Nachman hatte der erste Mensch bei seiner Erschaffung zwei Gesichter, Gott durchsägte ihn aber in zwei Hälften und bildete zwei Rücken aus ihm, den einen nach dieser und den andern nach jener Seite hin (d. i. einen für den Mann und einen für die Frau). Es heißt doch aber: er nahm eine von seinen Rippen? Nein, (entgegnete Samuel, es heißt:) von den zwei Seiten."[11]

Nach dieser Auslegung gab es seit dem Anfang der Schöpfung also nicht nur zwei Geschlechter, sondern drei. Erst die staatliche Ermöglichung des Geschlechtseintrags „divers" für intersexuelle Menschen wird diesem Ursprung wieder gerecht. Doch auch hier ist noch eine andere Deutung möglich, denn im Unterschied zu dieser, auf einen Geschlechtskörper mit männlichen und weiblichen Geschlechtsorganen abzielenden rabbinischen Auslegung, kann der Geschlechtskörper des Menschen in Gen 2,7 auch als geschlechtlich undifferenziert aufgefasst werden und in dieser Form ein drittes Geschlecht darstellen.[12]

Abb. 2

Die Frau, die aus dieser Hälfte geformt wird – und man wird die Vorstellung ergänzen müssen, dass auch die verbleibende Hälfte, aus der der Mann entstand, von der Gottheit in ihrer Form angepasst werden musste – ist das einzige erschaffene Wesen, das nicht direkt aus dem Ackerboden geformt worden ist. Wenn die Frau in der Inszenierung ‚Eva. Erde zu Erde' von Julia Krahn dennoch mit Lehm bedeckt ist, verweist sie auf diese Differenz, reklamiert jedoch zugleich, dass die Frau den als Erdling erschaffenen Menschen ('adam) verkörpern und repräsentieren kann. Sie teilt ihre Erdhaftigkeit und damit ihre Sterblichkeit mit der Schlange und der Frucht. Das Paradies haben sie angesichts der trostlos-grauen Studioatmosphäre verloren. Kämpft sie mit der Schlange, ihr in tödlicher Feindschaft verbunden, wie es die Strafworte der Gottheit in Gen 3,14 f. ankündigen, oder versucht sie – da die Körpersprache für einen Kampf zu elegant und entspannt wirkt –, die Schlange zu zähmen und dadurch eine neue Kommunikation zwischen allen Erdwesen herzustellen, die den Fluch überwindet? Von der Frucht hat sie noch nicht gegessen – das Paradies vielleicht noch nicht verloren.

1 Vgl. Johannes Paul II., *Die menschliche Liebe im göttlichen Heilsplan. Eine Theologie des Leibes*, 5. Aufl. (Kißlegg: fe-Medienverlag, 2017 [Orig. 1985]), 79–194.
2 Übersetzung nach: Ulrike Bail u. a. (Hg.), *Bibel in gerechter Sprache*, 2. Aufl. (Gütersloh: Gütersloher Verlagshaus, 2006). Die Bibel in gerechter Sprache schlägt zwar viele Möglichkeiten vor, wie das Tetragramm wiedergegeben werden kann, nutzt aber nicht die Möglichkeit, „'elohim" mit „Gottheit" zu übersetzen.
3 Vgl. dazu die Genesis-Übersetzung von Frank Crüsemann in der Bibel in gerechter Sprache.
4 Isolde Karle, „*Da ist nicht mehr Mann noch Frau...*" *Theologie jenseits der Geschlechterdifferenz* (Gütersloh: Gütersloher Verlagshaus, 2006), 218.
5 Vgl. Claudia Honegger, *Die Ordnung der Geschlechter. Die Wissenschaften vom Menschen und das Weib, 1750–1850* (München: dtv, 1996 [Orig. 1991]); Thomas Lacqueur, *Auf den Leib geschrieben. Die Inszenierung der Geschlechter von der Antike bis Freud* (München: dtv, 1996 [engl. Orig. 1990]), 172–219. Lacqueurs weitergehende These, dass es in der antiken Medizin nur ein Ein-Geschlechter-Modell gab, hat der kritischen Überprüfung meines Erachtens zwar nicht standgehalten, doch weist bereits die nachhaltige Verbreitung des Ein-Geschlechter-Modells auf einen fundamentalen Unterschied zur Moderne beim Verständnis der Geschlechtskörper hin.
6 Im Kontext der Diskussion über die Bedeutung der Schöpfungstexte für die Frage der Ehescheidung weist Jesus auf die „Eunuchen vom Mutterleib an" (Mt 19,12) hin. Diese Eunuchen fordern das binäre Denken heraus.
7 Monika Egger, *Fehlübersetzungen mit Folgen. Korrekturen zur „biblischen Schöpfungsordnung"*, 2016, https://static1.squarespace.com/static/58a80860f7e0ab89f5268d35/t/58be00fbf7e0ab44aa9565ab/1488847100055/Fehlübersetzungen+mit+Folgen.pdf [Stand: 14. Februar 2021].
8 Magdalene L. Frettlöh, *Wenn Mann und Frau im Bilde Gottes sind... Über geschlechtsspezifische Gottesbilder, die Gottesbildlichkeit des Menschen und das Bilderverbot* (Wuppertal: Foedus-Verlag, 2002), 31.
9 So Jan Christian Gertz, *Das erste Buch Mose (Genesis). Die Urgeschichte Gen 1–11* (Göttingen: Vandenhoeck & Ruprecht, 2018), 103.
10 Marie-Theres Wacker, „Wann ist der Mann ein Mann? Oder: Geschlechterdisput vom Paradiese her", in: Dies./Stefanie Rieger-Goertz (Hg.): *Mannsbilder. Kritische Männerforschung und theologische Frauenforschung im Gespräch* (Münster: LIT Verlag, 2006), 93–114, 99.
11 Der Midrasch Bereschit Rabba, das ist die Haggadische Auslegung der Genesis. Übers. und mit Erläuterungen von August Wünsche (Leipzig: Schulze, 1881), 30 (Kap. 8, zu Gen 1,26).
12 Vgl. Karle, 213.

Rainer Hepler · Göttliche Nacktheit

Eine Spurensuche in den römischen Katakomben

Eine Jungschar, die nächtens einen dunklen Wald durchstreifte, wurde unversehens des Anblickes einer nackten weiblichen Gestalt gewahr. Panik griff um sich und einige schnappten röchelnd nach Luft. Ein eiligst herbeigerufener Notarzt versorgte sie. Polizei und Feuerwehr durchsuchten vergeblich den Wald nach dem unheimlichen Phänomen. Es blieb verschwunden. Noch in derselben Nacht holten die Eltern die Kinder im Alter von 13 und 14 Jahren aus der Jugendherberge ab und brachten sie zurück in den bergenden Schoß der Familie.

> Das hier Berichtete ist nicht etwa einem Roman aus dem Biedermeier entnommen, es beruht auf einer Notiz der ‚Süddeutschen Zeitung' vom 28.9.2018. Offen bleibt dabei, ob hier die Nacktheit allein als Auslöser der panischen Hyperventilation zu gelten hat, oder ob schon der nächtliche Aufenthalt in einem analogen Wald heutzutage zu solchen Reaktionen führen kann. Jedenfalls scheint öffentliche Nacktheit derzeit immer weiter im Schwinden begriffen, Vereine der Freikörperkultur überaltern und Nacktbaden scheint zunehmend runzligen Altachtundsechzigern vorbehalten zu sein. Umso voller ist bekanntlich die digitale Welt von Pornografie, und vor allem männliche Schauspieler scheinen stellvertretend für uns Angezogene auf Theaterbühnen und in Filmszenen immer noch darum zu wetteifern, wer sich am meisten zu zeigen traut. Aber selbst das scheinbar so liberale Feuilleton der ‚Süddeutschen' beschwert sich immer häufiger über die Nacktheit in der Kunst, die nun langsam abgefrühstückt sei. Back to Biedermeier!

Im 19. Jahrhundert war mit der Erfindung von Ganzkörperbadeanzügen die Nacktheit aus dem Badewesen und selbst aus dem ehelichen Schlafzimmer ins Museum abgewandert, wo die Akte (natürlich!) rein ästhetisch betrachtet wurden. Oder man suchte sie in der sogenannten Bückware unter dem Ladentisch, die sich äußerst rasch nach der Erfindung der Fotografie verbreitete. Bekanntlich standen die christlichen Kirchen in der Bekämpfung solcher „Unmoral" stets in der ersten Reihe. So brachte Pfarrer Josef Hanß in seinem 1925 mit kirchlicher Druckerlaubnis erschienenen Exempelbuch ‚Kurze und lehrreiche Beispiele für den neuen Einheits-Katechismus' das Beispiel eines Mannes, der in der Buchhandlung ein „schamloses" Gemälde aus dem Schaufenster kauft und es mit den Worten zerreißt: „Jetzt brauche ich mich wenigstens nicht mehr zu schämen, mit meinen Kindern vor Ihrem Laden vorüberzugehen."[1] Auch die familiäre und individuelle Nacktheit versuchte man schon im Religionsunterricht zu unterdrücken. Bewusst wurde Nacktheit mit Unkeuschheit gleichgesetzt: „Unkeuschheit ist ähnlich wie unschamhaft. Man sagt auch unehrbar", schreibt Pfarrer

Erwin Huck 1914 in ‚Der erste Bußunterricht in vollständigen Katechesen'. Weil der Leib der Kinder in der Taufe zu einem Tempel Gottes geheiligt worden sei, so Huck weiter, „müssen wir immer schamhaft und keusch sein... beim Baden deckt man Teile des Leibes zu." Weil die Feigenblätter im Paradies nicht ausreichend gewesen seien, habe Gott Adam und Eva mit Tierfellen bekleidet: „Merkt nun, Kinder: was am Leibe zugedeckt sein soll, an das darf man nicht leichtfertig denken, man darf nicht frech darüber reden, darf es nicht mit unkeuscher Begierde anschauen, darf es nicht ohne Not aus böser Lust anrühren." Der Katechet soll dann weiter den Kindern erklären, dass allein schon die Gedanken an „Unreines" eine Sünde gegen das 6. Gebot seien und es mit dem Beispiel des trunkenen Noah in der Bibel untermauern, der nackt in seinem Zelt herumlag. „Habt ihr nie ohne Not schändliche Dinge absichtlich oder mit Wohlgefallen angesehen oder von andern an euch ansehen lassen? Es könnte beim An- und Auskleiden (beim Baden), beim Verrichten der Notdurft geschehen sein oder beim Kinderhüten und beim Spielen. Vielleicht habt ihr auch schon unschamhafte Bilder gesehen und mit Wohlgefallen betrachtet und anderen gezeigt. Weg mit solchen Bildern! Diese gehören ins Feuer!...Wie abscheulich ist es vollends, wenn man unkeusche Dinge ohne Not *anrührt*...Man darf mit seinem Leib...nicht tun, was man will. Kinder vergeßt nie das Sprüchlein: ‚Wo ich bin und was ich tu', sieht mir Gott mein Vater zu.'"[2] Schließlich sollten die Kinder noch an den wegen all dieser Sünden gegeißelten Heiland denken und sich in der Beichte von solchen reinigen. Schließlich wird detailliert abgefragt, ob sie auch alles verstanden haben. Mit erzbischöflicher Gutheißung.

Aus einer solchen Tradition kommend, war schon in jungen Jahren für mich die Kunst der Katakomben eher verwunderlich. In Fresken und Mosaiken wie auf Sarkophagen entfaltet sich ein reiches Programm voll üppiger Nacktheit, auch dort, wo der Erzählzusammenhang es nicht nahelegt. War Jesus bei der Taufe wirklich nackt? Wurde Jona nackt ins Meer geworfen? Warum? Und wieso zieht er sich nachher nichts an, wenn er unter seiner Kürbisstaude liegt? Oder Daniel in der Löwengrube: Wieso haben die Künstler des 4. Jahrhunderts ihm nicht wenigstens einen Lendenschurz gelassen? Ich versuchte, etwas darüber zu lesen, fand aber nichts. Auch eine einwöchige Fortbildung in Rom über das frühe Christentum, bei der ich auch erfahrene Katakombenführer und Kardinal Joseph Ratzinger in der Glaubenskongregation befragen konnte, machte eher eine gewisse Ratlosigkeit sichtbar. Letzterer antwortete auf die Frage nach der Deutung der Katakombenkunst (und beispielhaft der Nacktheit des

Daniel) bescheiden, dass uns die Hermeneutik dieser Bilder wohl nicht mehr vollends zugänglich sei. Auch dort, wo man besondere Einsichten vermuten würde, wie im Katalog zur Ausstellung ‚Das Feige(n)blatt…' im Jahr 2000 in der Münchner Glyptothek, fand ich nichts Neues. Dort vermutete Kurator Raimund Wünsche: „Die Hilflosigkeit des Daniel sollte durch die Nacktheit ausgedrückt werden."[3]

So von der Forschung im Stich gelassen, verfolgte ich schon früh eigene Studien und Überlegungen.[4] Die Anfänge der christlichen Kunst insbesondere in Rom werden auf das 3. Jahrhundert datiert. Zunächst genügte beim Begräbnis der Christen eine Inschrift, die oft durch ein einfaches Logo (Fisch, Anker, Taube mit Ölzweig usw.) bereichert wurde, das als Glaubensbekenntnis gedeutet werden konnte. Offensichtlich wollten sich aber begüterte Gemeindemitglieder schließlich nicht mehr mit Ornamenten und Symbolen als Grabschmuck zufriedengeben. Sie suchten wohl in den heidnischen Werkstätten z. B. nach Sarkophagen, die auch ein für Christen akzeptables Bildprogramm hatten: etwa weinlesende Eroten in Gestalt nackter Kinder oder bukolische Hirtenszenen. Ein Hirte, der ein Schaf auf den Schultern trägt, oder eine Frau, die wie eine heidnische Priesterin die Hände im Gebet erhebt, identifizierten den Grabbesitzer nicht automatisch mit einer neuen illegitimen Religion, konnten aber von den Wissenden sehr wohl gedeutet werden als *der* gute Hirte oder als *die* ungerecht angeklagte Susanna aus dem biblischen Buch Daniel, deren Gebet um Rettung Gott erhört. Erst nach der Konstantinischen Wende und dem Ende der Verfolgungszeit um 313 werden die Bilder erzählerischer und klarer zuordenbar.

Bei der erwähnten Rom-Fortbildung meinte der Katakombenspezialist, all diese Bilder seien in erster Linie biblische Trostbilder für die Hinterbliebenen. Ich denke aber, das ist zu kurz gegriffen. Vielmehr dienten die Einzelszenen immer noch als Symbolbilder, in denen sich komplexe Glaubenswahrheiten vielschichtig erzählen ließen. So etwa der nackt ins Meer geworfene, dann vom Fisch ausgespuckte Jona, der in einer dritten Szene nackt und schlafend unter der Kürbisstaude liegt, nachdem er den göttlichen Auftrag einer Bußpredigt an die Niniviten ausgeführt hat (Jona 4,6): Dieses letzte Bild wird oft zentral gestellt. Im Alten Testament geht es in dieser Szene um die Barmherzigkeit Gottes, der die verworfenen Heiden (also auch die christlich gewordenen Römer) am Ende doch vor dem angedrohten Gericht verschont. Jesus jedoch gebraucht die Jona-Geschichte in den Evangelien als Hinweis auf seinen Tod und seine Auferstehung. Drittens kann das Bild auch die im Grabe schlafenden

Christoph Brech,
Museo Pio Cristiano, Bruder-
sarkophag (Vatikanische
Museen), 2011

Göttliche Nacktheit

Verstorbenen meinen, die durch die Taufe Christus gleichgestaltet wurden. Über diese Ebene hinaus darf man meist auch noch eine Abgrenzung zur heidnischen Bildwelt mitlesen: Der schlafende Jona gleicht doch auch sehr dem schlafenden Schönling Endymion auf heidnischen Sarkophagen, den die Mondgöttin Selene in ewigen Schlaf sinken lässt, um seine Schönheit unsterblich zu bewahren. Demgegenüber ist Christus der *wahre* Endymion, ihm gehören die Verstorbenen an, und all das ist in der Jona-Geschichte allegorisch bereits enthalten. In aller Regel gibt es also – erstens – die Darstellung der (alttestamentlichen) Geschichte, die – zweitens – als Vorausbild für die Menschwerdung Gottes in Jesus Christus gesehen und christlich gedeutet und – drittens – auf die getaufte Einzelperson übertragen wird, und – viertens – eine Parallele aus den griechisch-römischen Mythen, die aber vom Christlichen sozusagen überholt wird.

Das heißt auf das Daniel-Bild angewandt: Der biblische Daniel wurde in die Löwengrube geworfen, weil er entgegen dem herrscherlichen Verbot zu seinem Gott betete, wie es auch in der Zeit, als diese Grabkunst entstand, die verfolgten Christgläubigen im heidnischen Rom taten, von denen gar manche in der Arena den Löwen zum Fraß vorgeworfen wurden. Aber auch hier ist die Deutung ohne die Christusparallele unvollständig: Durch dessen Tod und Auferstehung wird das Wort aus dem Psalm 91 wahr: „Denn er befiehlt seinen Engeln, dich zu behüten auf all deinen Wegen. Sie tragen dich auf Händen, damit dein Fuß nicht an einen Stein stößt; du schreitest über Löwen und Nattern, trittst auf junge Löwen und Drachen." Daniel ist auf ungezählten frühchristlichen Bildern zu sehen, auf Sarkophagen oftmals im Zentrum, wie er nackt die Hände im Gebet zu Gott erhebt; die niedlichen Löwen können ihm nichts anhaben. Mit zwei einfachen Strichen könnte man dahinter ein Kreuz zeichnen und hätte damit die erste Kreuzigungsdarstellung überhaupt. Zugleich erinnern die Löwen an traditionelle Grabwächterfiguren, wie sie schon seit etruskischer Zeit den Römern wohlbekannt waren. Auch der als Sieger aus dem Grab steigende Christus ist in dem Bild enthalten, und auch hier wieder die Verstorbenen, die Gott auferwecken wird. Und es gibt erneut einen abgrenzenden Inhalt als Gegenbild, etwa zu Herkules mit dem Löwen: Daniel – Christus – die Verstorbenen sind die neuen und wahren Herkulesse, die Sieger über den Tod.

Trotz des Hinweises auf die nackte Kreuzigung ist aber damit die Blöße Daniels nicht vollständig erklärt. Ist dabei wirklich Hilflosigkeit das Thema? Ich behaupte das Gegenteil, mit einem einfachen Hinweis. Was sah man in Rom, wenn man über öffentliche Plätze ging, in den Thermen badete, heidnische Freunde und Nachbarn besuchte? Allenthalben nackte Götter und Halbgötter, die alles andere als schutzbedürftig waren. Wer nicht frieren kann, braucht auch keine Kleidung, wer stark ist, keinen Panzer, nackt ist, wer das sein darf, weil er von niemandem dafür ausgelacht oder zur Rechenschaft gezogen werden darf. Nackt ist, wie auch die Bibel weiß, wer im Paradies leben darf. Schon Alexander der Große stieß in Indien auf die Gymnosophisten (nackte Weise), die heute noch existierenden Sadhus oder Digambaras, deren Nacktheit auf die bereits vollkommene Lösung von der irdischen Existenz und höchste Entwicklungsstufe hinweist. Nackt trainierten und kämpften die Sportler im griechisch-römischen Gymnasion, nackt bewegten sich die Römer mit großer Selbstverständlichkeit in den Thermen. Und stellten sie den Kaiser nackt auf öffentlichen Plätzen dar, war dies keine Majestätsbeleidigung, sondern diente der Darstellung seiner Göttlichkeit.

Freilich ist an dieser Stelle anzumerken, dass dies alles im Unterschied zu prähistorischen Darstellungen in der griechisch-römischen Kunst zunächst nur für den männlichen Körper gilt. Als Erster wagte in Knidos der Bildhauer Praxiteles im 4. Jhdt. v. Chr. nicht nur, die Göttin Aphrodite nackt darzustellen, sondern die Statue diente skandalöserweise auch noch als Kultbild. Von da an zieht sich die ‚Venus im Bade' durch die abendländische Kunstgeschichte. Der weiblichen Nacktheit ist so von jeher – im Gegensatz zur machtvollen Dynamik der männlichen Götterbilder – eine passive Verletzlichkeit eigen, die vom männlichen Blick definiert wird.[5] Vermutlich, weil Frauen in anderer Weise als Männer keine falschen Signale aussenden wollten, wurde ihnen wiederum in der männlichen Wahrnehmung Anständigkeit und Schutzwürdigkeit nur dann zugebilligt, wenn sie sich „züchtig" verhielten, was nicht nur die Nacktheit, sondern bis heute auch Themen wie Kopftuch oder Minirock betrifft. Nach wie vor ist bei Darstellungen weiblicher Nacktheit oft unklar, ob es dabei um Sexismus und männliche Dominanz geht oder um weibliche Emanzipation, wie etwa bei VALIE EXPORTS ‚Genitalpanik' von 1969. Jedenfalls war weibliche Nacktheit in der griechisch-römischen Welt offenbar so zweideutig, dass mir, außer der zusammen mit Adam verschämt das Feigenblatt vorhaltenden Eva aus den Katakomben, kein Beispiel bekannt ist. Obwohl schon im 4. Jahrhundert Maria als „neue Eva" gesehen wurde, gab es im Unterschied zu Jesus Christus von ihr niemals nackte Darstellungen.

Zurück aber zu Daniel: Mit dem Verweis auf heidnische Bildtraditionen ist ja noch nicht sichergestellt, dass die Daniel-Bilder in gleicher Weise gelesen werden können wie heidnische Götterdarstellungen. Sollten sie nicht eine andere, „christliche" Sichtweise widerspiegeln? Dazu fand ich früh eine Fülle von Aussagen in den Schriften der Kirchenväter des 4. Jahrhunderts. Die einfachen Gläubigen werden wohl kaum selbst in der Bibel gelesen haben. Sie waren geprägt von den Geschichten und deren Auslegungen, die sie im Gottesdienst hörten, vor allem aber durch die Taufe, die damals bereits mit einer langen Vorbereitungszeit verbunden war, und sich als ein das ganze Leben verwandelnder Initiationsritus, ähnlich den Eleusinischen Mysterien oder dem Mithraskult, darstellte.[6] Das in der Regel in der Osternacht an einem Fluss oder in einem Baptisterium mit fließendem Wasser stattfindende Ritual war eine nackte Ganzkörpertaufe, die auch mit einer Ganzkörpersalbung verbunden war. Bei Johannes Chrysostomus in Konstantinopel, Theodor von Mopsuestia in Kleinasien und Cyrill von Jerusalem stoßen wir dabei auf sehr verwandte Gedankengänge[7]: Zu Beginn steht das vollständige Ablegen aller Kleider und allen Schmuckes (bei Johannes ist es der Presbyter, der auszieht), das ein Ablegen des alten Menschen mit seinen Werken und seiner Sterblichkeit symbolisiert. Cyrill erinnert an die Nacktheit Christi am Kreuz, die er aber nicht als Schutzlosigkeit oder Entwürdigung auffasst, sondern im oben genannten Sinn als Zeichen der Göttlichkeit: „So ausgezogen, wart ihr nackt und ahmtet darin den nackten Christus am Kreuz nach, der durch seine Nacktheit die Mächte und Gewalten auszog und öffentlich am Holz triumphierte." Und er stellt fest: „Vor aller Augen wart ihr nackt und schämtet euch nicht." Wie auch die anderen beiden führt er dies auf den paradiesischen Zustand in der Bibel zurück, der sich nun an den Katechumenen vollzieht. Johannes betont besonders das Motiv der Schamlosigkeit und billigt ihr sogar eine gesteigerte Qualität zu: „Das Taufbecken ist viel besser als das Paradies. Hier gibt es keine Schlange, sondern Christus ist da, der dich zum Sakrament der Wiedergeburt aus dem Wasser und dem Geist führt."

Vor der eigentlichen Taufhandlung findet bei allen dreien eine Salbung ausdrücklich des ganzen Körpers statt (bei Frauen vermutlich durch die Diakonissen). Diese das Böse abwehrende Salbung geschieht nach Cyrill „von Kopf bis Fuß"; „ganz und gar", betont Theodor gleich zweimal, und am „gesamten Körper". Und Johannes deutet: „...damit *alle* Glieder durch die Salbung geschützt und für die Geschosse des Feindes unverletzbar werden". Den Zeitgenossen wird diese wiederum abgrenzende Anspielung klar verständlich gewesen sein: Thetis tauchte nach der Geburt ihren Sohn Achilles in den Unterweltsfluss Styx, auf dass er unsterblich werde. Sie musste ihn aber an der berühmten Ferse festhalten. In diese verwundbar gebliebene

Stelle lenkte später der missgünstige Apollon den Pfeil des Paris. Eine Salbung an – wie von allen dreien betont – *allen* Stellen, also offenbar auch im Intimbereich, sollte die bedingungslose und totale Annahme des Menschen durch einen liebenden Gott symbolisieren, der uns, so Cyrill, „zur Kindschaft vorherbestimmt und dem Herrlichkeitsleib Christi gleichgestaltet" hat. In der Antike wurden auch bronzene Götterbilder regelmäßig gesalbt, um ihnen göttlichen Glanz zu verleihen.

So wird das Taufwasser nicht nur zum Jordan, in dem man mit Christus die unsterblich machende Zusage der Gotteskindschaft erhält, sondern auch zum wahren Styx, den man durchschreitet, um in die Gefilde der Seligen zu kommen. Das Untertauchen ist ein Begrabenwerden mit Christus und zugleich ein mit ihm Auferstehen: „Gleichzeitig mit dem Tod geschah eure Geburt" (Cyrill). Und wie bei der Taufe der Geist Gottes auf Jesus herabkam, so kommt jener auch herab auf die Neugetauften in einer unmittelbar folgenden weiteren Salbung an der Stirn, den Sinnesorganen und auf der Brust, die nun vom Bischof selbst vorgenommen wird: Sie entspricht unserer heutigen Firmung und bedeutet, dass nun auch – wie Cyrill sagt, die Getauften „Christus", also „Gesalbte" bzw. „Messiasse", genannt werden. Auch auf ihnen ruht nun der Heilige Geist, „Gleiches auf Gleichem", sie spiegeln „mit unverhülltem Antlitz die Herrlichkeit des Herrn" wider. In dieser Salbung besteht das eigentlich neue Taufkleid. Das weiße Gewand, das die Neugetauften anziehen, ist nur ein Symbol jener „aufblitzenden und strahlenden Welt", der man nun angehört und „deiner verklärten Leiblichkeit" (so Theodor): „Wenn du nämlich tatsächlich die Auferstehung erhältst und die Unsterblichkeit und Unwandelbarkeit angezogen hast, brauchst du derlei Gewänder gar nicht mehr." Die Symbolik der Nacktheit ist dabei deutlich stärker akzentuiert als etwa das Wasser, sodass sie als ein wesentliches sakramentales Zeichen erscheint.

Ein solches Erleben einer Umdeutung der gesamten Existenz in einem einzigen Augenblick ist für uns Heutige nicht mehr nachvollziehbar. Taufe bedeutete die Demokratisierung der Vergöttlichung, die nicht mehr allein den mythischen Heroen oder den Kaisern zugänglich war, sondern auch den Angehörigen der Unterschicht und den Sklaven sowie – im Unterschied etwa zum Mithraskult – den Frauen. Aufgrund der Überbetonung der augustinischen Erbsündenlehre und aus Angst um den Verlust des Himmels ohne rechtzeitige Taufe, ist uns von der einstigen Herrlichkeit nur die Kindertaufe schnellstmöglich nach der Geburt als Schrumpfritus übrig geblieben, während in der Ostkirche bis heute die nackte Ganzkörpertaufe die

Regel blieb. Was in der Theorie weiterhin bejaht wurde, die Gottebenbildlichkeit des Menschen auch in seiner Leiblichkeit, wurde in der Praxis bald zunehmend geleugnet: Die Taufe, so die katholische Lehre, befreie zwar von der Erbsünde und allen bis dahin begangenen Sünden, die erbsündliche Geschwächtheit bleibe aber, weshalb die Nacktheit allzu schnell zu Sünden gegen das 6. Gebot führen würde, bis schließlich im zitierten Religionsunterricht 1914 nur noch die Gleichsetzung von Nacktheit und Sünde übrig blieb. Natürlich gab es zwischendrin immer wieder Epochen und zahllose Künstler, die an die antiken Traditionen anknüpften, aber seit dem Konzil von Trient im 16. Jahrhundert war die Nacktheit als etwas Heidnisches missverstanden und im Kirchenraum verboten worden. Auch die Nuditäten Michelangelos im ‚Jüngsten Gericht' der Sixtinischen Kapelle entgingen den päpstlich beauftragten „Hosenmalern" nicht. So kam es, dass heute selbst von Kunsthistorikern die Nacktheit des Daniel nicht mehr als Vergöttlichung in Christus bei der Taufe verstanden wird, sondern nur noch als „Hilflosigkeit". Lange Zeit stand der antike Sarkophag des christlichen römischen Stadtpräfekten Junius Bassus aus dem Jahr 359 in der Krypta des Petersdoms. Wer ihn heute in den Vatikanischen Museen besichtigt, findet Daniel darauf mit einer Toga bekleidet. Man hatte im 18. Jahrhundert die originale nackte Figur herausgebrochen und durch eine unanstößige ersetzt. Die Kirche von Rom, die doch betont, immer an der unveränderlichen Lehre festhalten zu müssen, ertrug offenbar die Lehre nicht mehr, die im 4. Jahrhundert mit diesem Bild ausgedrückt worden war.

    Johannes Chrysostomus war sich in seinen Homilien zum 1. Korintherbrief (31,1) noch sehr bewusst, dass für Getaufte die Körperscham keine Berechtigung mehr haben kann: „Nichts an uns ist unanständig, alles ist Gottes Werk." Warum aber laufen wir dann nicht einfach nackt auf die Straße? Aus diesem inneren Widerspruch befreit er sich geschickt, indem er die Bedeckung der „Zeugungsglieder" nicht als Akt der Scham, sondern als Schmuck verstehen will: „Wären nun diese Glieder unanständig, so dürften sie nicht mit größerer Ehrerbietung behandelt werden als andere; nun aber erhalten sie größeren Schmuck ... Doch darum sind sie nicht unanständig." Auch wenn sich der Kirchenvater hier davor drückt, die Kühnheit der christlichen Taufgedanken zu Ende zu denken, hält er doch deutlich fest: Ehrwürdig ist der nackte Leib und nicht „schändlich" wie bei Pfarrer Huck 1914. Und er ist geistig dem, was uns in unserer gesamten heutigen Kultur einschließlich unseres verbürgerlichten kirchlichen Lebens begegnet, weit voraus: Wer sonst denkt den Leib so groß?

Rainer Hepler

Sowohl bei der Lebensreformbewegung um 1900 als auch beim Neuaufbruch der Freikörperkultur Ende der 1960er-Jahre blieb die Kirche außen vor. Umso überraschter mag man sein, auf Webseiten von Naturisten ausgerechnet Papst Johannes Paul II. zitiert zu finden, u. a. aus seinem schon 1960 geschriebenen Buch ‚Liebe und Verantwortung‘[11]:

– „Sexuelle Schamhaftigkeit kann also nicht einfach mit der Verwendung von Kleidung gleichgesetzt werden, noch Schamlosigkeit mit dem Fehlen von Kleidung und totaler oder teilweiser Nacktheit des Leibes."

– „Die Unschamhaftigkeit ist nur dann präsent, wenn die Nacktheit eine negative Rolle im Hinblick auf den Wert der Person spielt, wenn es ihr Ziel ist, das Begehren des Fleisches zu wecken, als dessen Resultat die Person in die Position eines Objekts des Gebrauchs gebracht wird."

– „Der menschliche Leib ist nicht in sich selbst schamlos, noch sind es aus denselben Gründen die sinnlichen Reaktionen und die menschliche Sinnlichkeit im Allgemeinen..."

Tatsächlich ließ dieser Papst bei der großen Renovierung der Sixtinischen Kapelle während seiner Amtszeit dort, wo im 16. Jahrhundert nicht neu freskiert, sondern nur übermalt worden war (vor allem im unteren Bereich), die „Schmachtfetzen" entfernen. So sieht man nun wieder, z. B. über der Tür neben dem Altar, deutlich, wie eine Schlange einen Verdammten mit Eselsohren in sein empfindlichstes Körperteil beißt. Die Tradition will darin den päpstlichen Zeremonienmeister Cesena erblicken, der sich über die Nuditäten beschwert hatte. Als einen sehr persönlichen Kommentar zur Blöße dieser Darstellungen veröffentlichte Johannes Paul II. 2003 den Gedichtband ‚Römisches Triptychon. Meditationen'. Darin will er die Sixtina als Bildwerdung des „ewigen Wortes" sehen, ein Abbild der Schau Gottes, vor dessen Augen nach dem Hebräerbrief (4,13) alles „nackt und offen" liegt. Zum Genesiswort über das Paradies – „beide waren nackt und empfanden keine Scham" – fragt er: „Ist das denn möglich? Frage nicht deine Zeitgenossen, frage Michelangelo..." Und weiter: „Beide waren nackt ... Auch sie erhielten Anteil an diesem Sehen; der Schöpfer hatte es ihnen übertragen. Wollen sie etwa nicht daran festhalten? Wollen sie denn dieses Sehen nicht wiedererlangen?" Für den Papst lag in dieser ursprünglichen Schau der Inbegriff des Lebens in der Gottebenbildlichkeit, ein „Ursakrament". Und er sieht am Ende des Textes nach seinem Tode die Wahl seines Nachfolgers vor diesen Fresken: „Endgültige Transparenz und Licht ... Es ist wichtig, dass Michelangelo beim Konklave den Menschen dies bewusst macht – Vergesst nicht: *Alles liegt nackt und offen vor seinen Augen.*"

Der von seinem körperlichen Verfall bereits schwer gezeichnete Bischof von Rom sehnt sich in diesen Betrachtungen zurück nach dem in der Renaissance noch einmal aufblitzenden, aber vor allem in den Anfängen des Christentums gemachten Versprechen einer neuen Sicht auf die Leiblichkeit und das Ende aller falschen Scham – ein Versprechen, das nie zu Ende gedacht und gelebt und zunehmend vergessen wurde. Ich fürchte, wir Christen werden – ähnlich wie bei der Frage der Menschenrechte oder der Soziallehre – wieder einmal massive Anstöße von außen brauchen, um am Ende dann auch bei der Frage der Nacktheit zu bekennen, dass wir das alles *eigentlich* schon immer geglaubt und gewusst hätten. Die Bilder der Katakomben stellen jedenfalls klar: Wenn unbefangene Nacktheit nicht möglich ist, ist nicht diese das Problem, sondern allgemeines Unverständnis.

1 Josef Hanß, *Kurze und lehrreiche Beispiele für den neuen Einheits-Katechismus mit eingedruckten Fragen und Antworten* (Limburg a. d. Lahn: Gebr. Steffen Verlag, 1925), 242 f.
2 Erwin Huck, *Der erste Bußunterricht in vollständigen Katechesen* (Freiburg: Herdersche Verlagsbuchhandlung, 1914), 76.
3 Raimund Wünsche und Peter Prange, *Das Feige(n)blatt...* (München: Staatliche Antikensammlung und Glyptothek, 2000), 24.
4 Methodisch orientiere ich mich u. a. an den wegweisenden Standardwerken: Josef Engemann, *Deutung und Bedeutung frühchristlicher Bildwerke* (Darmstadt: Wissenschaftliche Buchgesellschaft, 1997) sowie Wolfgang Kemp, *Christliche Kunst. Ihre Anfänge, Ihre Strukturen* (München: Schirmer Mosel, 1994).
5 Siehe hierzu auch Carlos Obergruber-Boerner, „Weiblichkeit" und Andreas Hoffmann, „Männlichkeit", beide in: *Nackt. Die Ästhetik der Blöße* (München: Prestel, 2002), 69 ff.
6 Einen guten Überblick gibt: Hans Kloft, *Mysterienkulte der Antike. Götter, Menschen, Rituale* (München: C. H. Beck, 1999).
7 Zitiert nach den Einzelbänden der Reihe *Fontes Christiani* (Freiburg: Herder-Verlag, 1992/1992/1995): Band 7: Cyrill von Jerusalem: Mystagogische Katechesen; Band 6: Johannes Chrysostomus: Taufkatechesen; Band 17: Theodor von Mopsuestia: Katechetische Homilien.
8 Karol Wojtyła (Johannes Paul II.), *Liebe und Verantwortung* (Kleinhain: Verlag St. Josef, 2010), 258, 280 und 281.

Peter Trawny   Körper, die begehren

„And fancy that they feel
Divinity within them breeding wings
Wherewith to scorn the Earth: but that false fruit
Far other operation first displayed,
Carnal desire inflaming; he on Eve
Began to cast lascivious eyes; she him
As wantonly repaid; in lust they burn."[1]
John Milton, *Paradise Lost*

Adam und Eva – Fluch und Verheißung, verkörpert in Geschlechtern, die sich durch die Zeiten zeugen. Die Geschichte von Paradies und Verbannung ist so bedeutungsschwanger, dass sich die Kunst immer noch, nach Jahrtausenden einer erfüllten Ikonografie, von ihr berühren lässt – nicht in bloßer Wiederholung des Ursprungs, sondern in Bedeutungen jener Geschichte, in der sich die Geschlechter und ihre Rollen tiefgreifend verändert haben. Dieser Wandel aber ist einer des Christentums und seiner Säkularisierung; auch seines Verschwindens vielleicht. Zwar sind Adam und Eva durchaus keine Christen, sondern die ersten Menschen, doch das Christentum hat aus ihrer Geschichte Einzigartiges gemacht.

Denn das erste Menschenpaar teilt ein einzigartiges Schicksal. Es verliert ein paradiesisches für ein irdisches Dasein. Verhängnisvoll, die Frau aus der Rippe des Mannes zu schaffen und so Mann und Mensch zu identifizieren. Zuerst ein Leben schamloser Nacktheit in Gottes gespürter Anwesenheit; unvorstellbarer Zustand glückseligster Selbstvergessenheit, der im Aufbegehren erschüttert wird. Dann der Fall oder Absturz. Nun muss das Paar Kinder zeugen und arbeiten, zwischen Mann und Frau ist Zwietracht gesät, der Mann zum Herrscher, die Frau zum Dienen eingesetzt. Zudem ist sie die Inkarnation der Sünde. Das sind Rollen für Jahrtausende; Konstruktionen, die sich schmerzhaft auf den Körper tätowieren und ebenso schmerzhaft zu entfernen sind.

Mit einem nach dem Sündenfall offenbar bewussten Begehren geht die Schamlosigkeit verloren. Der nackte Körper wird zur Entblößung, die vermieden werden muss. Bemerkenswert, dass vielleicht *das* Bild der christlichen Religion, der Gekreuzigte, einen entblößten und verwundeten Körper zeigt, der sein Geschlecht verbirgt. In Zeiten eines durchaus schon länger erfahrenen Bodyshamings wird Nacktheit ein besonders diffiziles Thema. Der öffentliche Körper – und sei es der des Gekreuzigten – ist besonders seit der griechischen Antike der athletische, gleichsam kanonisiert von einem schönen Maß. Er scheint an die paradiesische Schamlosigkeit zu erinnern. Der intime oder auch private Körper aber gibt der Entblößung eine exklusive Bedeutung. Vor jemandem nackt zu stehen, ist Endlichkeitsenthüllung: Sieh her, ich, der ich begehre, werde sterben; doch nicht jetzt!

Obwohl bereits in den biblischen Texten selbst die Verhältnisse zwischen den Geschlechtern zum Tanzen gebracht werden, bleiben bestimmte Rollen doch fest. Man denke nur an die beiden Marien, die sich in die kaum wegzudenkende Dialektik von Hure und Heilige verwandeln werden, denen Jesus, dieser allerdings ganz ungewöhnliche Charakter, gleich liebend gegenübersteht. Oder die bemerkenswerte Zurechtweisung Marthas, die – anders als ihre Schwester Maria – Jesus bewirtet, während diese ihm zuhört. Die vielleicht einzige Ehrung der Kontemplation im Neuen Testament bezieht sich auf die Frau, die zuhört. Und doch bleibt auch bedenkenswert, dass das Geschlecht des Männlichen die Sphäre des Göttlichen selbst, das sich als Vater und Sohn manifestiert, erreicht.

Andere ikonografische Erinnerungen berühren die Sexualität. Haben Engel ein Geschlecht? Selbst wenn sie einen Körper haben oder zumindest aus Materie bestehen, haben sie keines. Diese Asexualität trennt die Engel von den Menschen, macht sie damit aber auf mehrere Weisen begehrenswert. Wie wäre es, Sexualität zu überwinden? Dann gibt es den Heiligen Sebastian: über lange Jahrhunderte hinweg die einzige christliche Möglichkeit, männliche Homoerotik im Bild darzustellen – mit sadomasochistischen Anflügen.

Überhaupt die Gewalt. Der christliche Körper ist von Anfang an ein wenn schon nicht zerstörter, so doch von Gewalt bedrohter Körper. Im Alten Testament gibt es eine Prophezeiung: „Doch er war durchbohrt um unserer Vergehen willen, zerschlagen um unserer Sünden willen. Die Strafe lag auf ihm zu unserm Frieden, und durch seine Striemen ist uns Heilung geworden." (Jes 53,5) Der Körper ist das Schlachtfeld der Sünde, der Lust und Lüste im weitesten Sinne. Da verschränkt sich der Genuss mit dem Schmerz, der eine steigert sich durch den anderen. Zwar bleibt Christus frei davon, doch die anderen Körper zahlen es ihm heim: Sünde ist Rache am Verbot.

Von Nietzsche stammt der mehr oder weniger berechtigte Angriff: „Das Christentum gab dem Eros Gift zu trinken – er starb zwar nicht daran, aber entartete, zum Laster."[2] Denn für das Begehren liefern die biblischen Texte keine Bilder. Am sinnlichsten erscheint noch, dass Maria Magdalena Jesu Füße wäscht und mit ihrem Haar trocknet. Doch die Nächstenliebe überlagert das erotische Verlangen, das die christliche Heilsmitte in der Liebe für die Nächste und den Nächsten ausschließt. Denn wenn ich im erotischen Begehren auf die konkrete Topografie des anderen Körpers bezogen bin, interessiert mich diese in der christlichen Liebe nicht. Jesu Zuwendung zu einem Aussätzigen ist paradigmatisch. Niemand wird wegen seines Körpers von der Nächstenliebe ignoriert; das ist im erotischen Begehren naturgemäß anders.

Allerdings ist Nietzsches Satz zweideutig. Das Christentum hat das Begehren nicht vernichtet – was unmöglich wäre –, sondern *zum Laster* gemacht, mit anderen Worten, es zur Ursache und Folge des Sündenfalls erklärt. Gewiss, Milton – ein aufgeklärter Christ, der biblische Erzählungen mit Homers ‚Ilias' verbindet, zudem als Mitbegründer satanistischer Bestrebungen gilt – kann davon schreiben, dass Adam und Eva „in Lust entbrennen", doch ganz abgesehen vom heterosexuellen Setting geschieht das jenseits des Paradieses, nach der Vertreibung.

Und das Hohelied aus dem Tanach? Schwer zu sagen. Sicher, Sulamith ist die stärkere Figur als der sie begehrende Mann. Keine Frage auch, dass Sprache und Bilder des Liedes aller Lieder (hebräisch Schir ha-Schirim) in den christlichen Urtexten einzigartig und daher außerordentlich sind. Hat das Hohelied aber das Christentum wirklich erreicht? Früh schon wurde das Liebeslied auf Jesus und seine Geliebte, die Kirche, übertragen. Schon das Judentum las es als Preisung des Verhältnisses zwischen Gott und seinem Volk Israel. Hat es als Schlüssel für eine typisch christliche Erotik gedient? Nein. Es wäre sogar zu fragen, ob nicht eine antijudaistische Einstellung das Hohelied vom Christentum ferngehalten hat. Dass sich Celan in seiner ‚Todesfuge' auf es bezieht, passt zu dieser Vermutung.

Dennoch haben sich Ventile ergeben, aus denen sich ein gewisses erotisches Begehren zum Ausdruck bringen konnte: etwa in der Mystik des Mittelalters, in der Frauen eine große Rolle spielten. Die sogenannte Herzdurchbohrung der von der Inquisition aufmerksam beobachteten Teresa von Ávila gilt als eindrucksvolle Darstellung einer Erfahrung, die nur als erotisch bezeichnet werden kann. Gian Lorenzo Bernini hat sie in seiner Skulptur ‚Die Verzückung der heiligen Theresa' für die römische Kirche Santa Maria della Vittoria entsprechend inszeniert. Doch auch dieser gewiss wichtige Zweig der christlichen Kultur hat das Gemeinde-Christentum nicht erreicht.

So sehr sich das Christentum Nischen schuf, um den erotischen Aspekten des Körpers Spielräume zu geben, so restriktiv hat es sich – trotz des heiligen Sebastians, des Hohenliedes und der Mystik – gegen die Aufhebung und Dekonstruktion der binär-heterosexuellen Geschlechtsbilder verhalten. Anders als in der griechischen Kultur, die nicht zuletzt wegen ihrer größeren Offenheit zur sexuellen Transgression als „heidnisch" markiert worden ist, gilt das Dogma, dass der Mensch als Mann und Frau geschaffen wurde. In John Miltons ‚Paradise Lost', das der Ausstellung ihren Titel gibt, erscheinen im ersten Buch die mit

Titelseite der Erstausgabe von Miltons ‚Paradise Lost', erste Auflage, 1667, courtesy The University of Manchester Library

Satan verbündeten Baalim und Ashtaroth (oder Istar). Sie seien fähig, das Geschlecht zu wechseln:

> „For Spirits, when they please,
> Can either sex assume, or both, so soft
> And uncompounded is their essence pure."[3]

Eine bemerkenswerte Stelle, da beinahe körperlose Wesen doch eher kein Geschlecht als sogar zwei besitzen können? Doch wichtiger als das ist, dass die Transformation des Geschlechts ohne Zweifel dem Bösen, dem Falschen und Täuschenden – dem Unfertigen, Unfesten, Fließenden – zugeschrieben wird. Wenn mit dem Wandel der Geschlechterauffassungen auch ihre Binarität auf dem Spiel steht, entsteht eine Spannung mit der christlichen Kultur, der es nicht leichtfallen wird, ihre traditionellen Geschlechtsbilder zu modifizieren. Aber entweder sie wird Möglichkeiten dazu finden, oder sie wird eine gewisse Erfahrung des Geschlechtskörpers stets von sich weisen müssen.

Kaum möglich, sich aus dieser Geschichte zu lösen. Und warum auch? So fällt auf, dass viele Künstler und Künstlerinnen der Ausstellung ‚Paradise Lost #gender shift' im DG Kunstraum der Deutschen Gesellschaft für christliche Kunst sich mit dem nackten oder zumindest teilweise entkleideten Körper beschäftigen. In Anknüpfung an und Abstoßung von einer jüdischen und christlichen Körpergeschichte hat Benita Meißner Werke kuratiert, die zeigen, dass diese Geschichte noch genug Anknüpfungspunkte bietet, um mit eigenen Bildern auf sie zu antworten. Sich von dieser Geschichte nicht zu befreien heißt jedoch keineswegs, sie zu bestätigen.

Da sind die Arbeiten von Julia Krahn, wie die Fotografie ‚Mutter', deutlich an Mariendarstellungen angelehnt, doch in einer Weise reduziert, dass das Kind im Tuch, das sich um den Kopf eines ansonsten nackten Mutter-Körpers windet, fehlt. Dabei blickt die Mutter ganz deutlich in Richtung des abwesenden Kindskopfes. Die Abwesenheit des Kindes erzeugt einen gewissen Wirbel an Interpretationsmöglichkeiten, die die Essenz des Mutter-Kind-Paares berühren: Gibt es eine Mutter ohne Kind? Ein Kind ohne Mutter? Oder greift das Bild direkter auf die christliche Geschichte zurück, der zufolge Maria ihr Kind opfert, schon bevor es geboren wird?

Abb. 11

Einen unmittelbaren Blick auf ein religiöses Ritual, in dem der nackte Körper eine mehrdeutige Rolle spielt, bietet eine Fotografie aus dem Zyklus ‚Friday Water' von Benyamin Reich. Sie zeigt junge orthodoxe Juden bei einem gemeinsamen Bad, das den Shabbath vorbereitet. Das Wasser stammt aus einer natürlichen Quelle eines Vorortes von Jerusalem. Auch wenn das Wasser der spirituellen

Abb. 8

Reinigung dient, entwickelt der entblößte jugendliche Jungenkörper seine eigenen erotischen Bedeutungen.

Abb. 5
Abb. 6
Abb. 7
Auch Aura Rosenbergs Fotografien beschäftigen sich mit dem erotisiert-erotisierenden Körper, wie er uns vor allem in der Pornografie begegnet. Anders aber als es die pornografischen Bilder zeigen, fotografiert Rosenberg Gesichter von (ausschließlich) Männern im Moment des Orgasmus. Dieser Ausdruck von Ekstase abgeschnitten vom restlichen genießenden Körper entblößt eine Intimität, die sich auch in der Geschlossenheit der Augen bezeugt. Ekstase, welche auch immer, ist ein Ausdruck, der nach innen führt.

Rosenbergs kritisches Interesse an der Pornografie teilt Thomas Ruff, der mit seinen ‚nudes' seine reiche Auseinandersetzung mit dem pornografischen Blick und Körper präsentiert. Das in der Ausstellung gezeigte Bild einer den Betrachter herausfordernd anblickenden nackten Frau mag an Darstellungen der Sünde erinnern, wie sie Franz von Stuck zu Beginn des 19. Jahrhunderts malte. Doch die Unschärfe der Fotografie und die direkte Präsentation des Körpers eröffnen eine Ambivalenz, die womöglich der Pornografie insgesamt eigen ist: einem Ekstase-Versprechen in bloßer Inszenierung. Abb. 26

Abb. 27
Abb. 28
Einen anderen Blick präsentiert Tejal Shah. Auf ihren Fotografien ‚Waiting I+II' sehe ich einen geschlechtlich nicht festzulegenden nackten Körper vor einer rosafarbenen Wand. Armreifen. Wenn ich den Titel hinzunehme, wartet der Körper, befindet sich im Zustand des Wartens. Worauf? Auf Zuwendung? Da das Gesicht nicht zu sehen ist, entfaltet der Körper einen irisierenden Sog. Ein weiteres

Abb. 41
Foto, das zu einer Installation mit dem Titel ‚Untitled (On Violence)'[4] gehört, zeigt eine am Boden liegende, traditionell weiblich gekleidete queere, vielleicht tote, jedenfalls verletzte Person; vor und über ihr steht ein uniformierter Mann mit einem schweren Stock. Das ist das Bild, das uns an die normalisierende – nicht immer tötende – Macht einer noch patriarchalen Gesellschaft erinnert.

Körper begehren auf. Wogegen? Gegen Traditionen, die sie auf Muster festlegen, zu Beispielen erniedrigen. Nicht nur das Christentum, jede Religion verkörpert Tradition. Das eröffnet ein Feld von Auseinandersetzungen, auf dem sich die Menschen leidenschaftlich und schmerzhaft bewegen. Begehren, könnte doch sein, ist auch Aufbegehren. Das setzt eine Kraft frei, die sich in erstaunlichen Bildern mitteilt. Mit der Intensität eines wunderbaren Lebens, auf dessen Haut noch ein Anschein Paradies-Licht glänzt.

1   John Milton, *Das verlorene Paradies*
    (übertr. und hrsg. von Hans Heinrich Meier)
    (Stuttgart: Reclam, 1968), 286:
    „Wie wenn sie Göttlichkeit beflügelte,
    Um so der Erde höhnend zu entfliehn:
    Doch tat zuerst die trügerische Frucht
    An ihnen völlig andre Wirkung kund.
    Das Fleisch entbrannte ihnen."
2   Friedrich Nietzsche, „Jenseits von Gut und
    Böse. Vorspiel einer Philosophie der Zukunft",
    in: Giorgio Colli und Mazzino Montinari (Hg.),
    Sämtliche Werke. Kritische Studienausgabe,
    Bd. 5 (München und Berlin: dtv/De Gruyter,
    1980), 102.
3   John Milton, *Das verlorene Paradies* (1968), 20:
    „Denn Geister können, wenn sie wollen, bald
    Mit einem, bald mit anderem Geschlecht
    Erscheinen oder zwitterhaft; so plastisch
    Und unverfestigt ist an sich ihr Wesen."
4   Teil der Ausstellung in der Galerie der Künstler,
    München.

Celina Prüfer   Von der (Un-)Möglichkeit, möglich zu sein

Die Bedeutung von Unterwerfung und Widerstand für das (geschlechtliche) Subjekt

> „Der Gedanke an ein mögliches Leben ist nur für diejenigen ein Luxus, die bereits selber wissen, dass es möglich ist. Für diejenigen, die weiter darauf hoffen, möglich zu werden, ist die Möglichkeit eine Notwendigkeit."[1]
>
> Judith Butler

Noch immer leben wir in Gesellschaften, die von erheblichen Ungleichheiten, Diskriminierungen und Ausschlüssen gekennzeichnet sind. Die Hoffnung auf eine Veränderung hin zu einer anderen Welt, hin zu einer Befreiung von unterdrückenden (Macht-)Verhältnissen durch Freiheit und Selbstbestimmung als wesentliches Moment der Emanzipation einer Gesellschaft, setzt ein autonomes Subjekt voraus.

Ein Subjekt, das als „Adressat und ausführendes Organ der Emanzipation"[2] in groß angelegten Emanzipationsprojekten imaginiert wird, entspräche einem autonomen und aufgeklärten Akteur.[3] Kritik aus feministischen und postkolonialen Kontexten an einer solchen Emanzipationsperspektive zeigten, „dass das aufklärerische Verständnis von Emanzipation als Befreiung des Subjekts aus Abhängigkeit und Unmündigkeit eine eurozentrisch-patriarchale Perspektive impliziert. Das autonome Subjekt, das frei und rational Entscheidungen trifft, ist die phantasmatische Figur des (bürgerlichen, weißen, heterosexuellen) Mannes, der als solcher von allen geistigen und körperlichen Abhängigkeiten befreit ist und daher den Anspruch erhebt, selbstbestimmt auf der Basis innerer Relevanzstrukturen vernünftig handeln zu können."[4]

Das Subjektverständnis, dem hier gefolgt wird, geht jedoch nicht von einem Subjekt[5] aus, das eine unabhängige ontisch existierende Entität darstellt, also eine unabhängige Einheit, die frei von äußeren Gegebenheiten ist.[6] Vielmehr wird mithilfe der Analysen Judith Butlers die Annahme eines freien Subjekts und dessen Handlungsfähigkeit problematisiert und infrage gestellt. Es soll analysiert werden, was ein Subjekt oder Subjektwerdung (Subjektivation) bedeutet und wie dies bzw. diese im Zusammenhang mit Geschlecht und Geschlechterrollen steht.

Darüber hinaus soll es darum gehen, was wir, wollen wir die gegenwärtigen Verhältnisse in Bezug zu Geschlecht verändern und die Welt zu einer offeneren, lebbareren und toleranteren Welt machen, tun können, um dies zu erreichen. Wenn wir uns als Menschen bewusst machen, dass wir alle nie unabhängig von der Zuneigung und Anerkennung von anderen leben, dann sollte deutlich werden, dass wir als Teil einer Gesellschaft kollektiv daran arbeiten müssen, das Leben für alle Menschen lebbarer zu machen. Die Kategorie Geschlecht ist dabei nur eine von vielen machtvollen Kategorien, die Ausschlüsse und Ungleichheiten erzeugen.

Nach Judith Butler ist das Subjekt „niemals vollständig konstituiert, sondern wird immer wieder neu entworfen *(subjected)* und produziert. Dieses Subjekt ist also weder ein Ursprung noch ein bloßes Produkt, sondern die stets vorhandene Möglichkeit eines bestimmten Prozesses der Umdeutung *(resignifying process)* [...]."[7] Das bedeutet, die Welt, in die wir geboren werden, ist nicht frei von äußerlichen Zuschreibungen und Benennungen, die gesellschaftliche Realitäten schaffen. Sie beinhaltet unterschiedliche Wertvorstellungen, Verhaltensweisen, gewissermaßen bestimmte Regeln, Möglichkeiten und Ausdrucksformen, die vorgeben, was wir sind und wie wir sein können. Allerdings sind diese nicht feststehend, sondern veränderbar, weshalb auch das Subjekt keine feste Substanz oder ein reines Produkt davon ist.

> Um den Prozess der Subjektkonstitution in Bezug zu dem geschlechtlichen Subjekt zu verstehen, ist es notwendig, den Zusammenhang von Diskurs und der Bedeutung von Normen, Macht und Sprache bei Butler zu beleuchten.

Butler orientiert sich in ihrem Verständnis von Diskursen an dem französischen Philosophen Michel Foucault. Demnach wird das Subjekt produktiv durch Diskurse erzeugt und mit einer bestimmten Bedeutung, einer spezifischen Wirklichkeit belegt.[8] Diskurse bezeichnen dabei „einen privilegierten Ort der Konstitution und Konstruktion sozialer Wirklichkeit. [...] [Sie] sind Systeme des Denkens und Sprechens, die das, was wir von der Welt wahrnehmen, konstituieren, indem sie die Art und Weise der Wahrnehmung prägen."[9] Die Wirklichkeiten des Subjekts, von denen es glaubt, dass es solche sind, sind allerdings diskursive Zuschreibungen, die gerade diese scheinbar gegebenen Wirklichkeiten und Wahrheiten erst hervorbringen.[10] Wir nehmen also nur bestimmte Dinge wahr, die uns als wirklich oder als wahr vorkommen. Leben wir also in einer Kultur, die ein zweigeschlechtliches System als Wissen oder als Wahrheit anbietet, wird dieses durch Naturalisierungsstrategien immer wieder verfestigt. Allerdings müsste diese scheinbare Wirklichkeit eher als „kultureller Konstruktionsapparat verstanden werden."[11] Durch ständige Wiederholung einer binären Geschlechterstruktur stabilisiert sich dieses System und lässt viele Menschen glauben, dass es außerhalb der zwei vorherrschenden Geschlechter keine anderen Geschlechter gibt.

> Gleichsam tritt der Diskurs mit einem ontologischen Status auf, der vorgibt, das Subjekt sei eine unabhängig existierende Einheit.[12] Allerdings ist „[k]ein Subjekt [...] sein eigener Ausgangspunkt"[13], keine feststehende Substanz und kann daher gesellschaftlichen Machtverhältnissen auch nicht vorgelagert bzw. prädiskursiv sein.[14] Das Subjekt befindet sich vielmehr in einem stetigen Prozess und

kann „als immer vorläufiger Effekt diskursiver und damit gesellschaftlicher Dynamiken"[15] angesehen werden. Wenn also der Prozess der Subjektwerdung niemals abgeschlossen und eine Folge von gesellschaftlichen Dynamiken ist, dann steckt darin bereits Potenzial zur Veränderung. Gesellschaftliche Machtverhältnisse sind verschiebbar und nicht starr – verändern sich also gesellschaftliche Dynamiken, kann es auch zu einer Erweiterung von Subjektmöglichkeiten kommen.

> Die bereits angeklungene scheinbare Wirklichkeit wird durch machtvolle soziale Normen erzeugt, die in den Diskursen angesiedelt sind.[16] Sie „üben normalisierenden Zwang aus, insofern sie bestimmte Verhaltensweisen, Subjektpositionen und Existenzweisen zugestehen und andere delegitimieren bzw. exkludieren."[17] Sie stellen einen bestimmten normativen Rahmen, eine symbolische Ordnung dar, die bestimmte soziale Kategorien zur Verfügung stellt.[18] Normen geben also das Mögliche und das Unmögliche vor bzw. haben einen konstitutiven oder ausschließenden Effekt.[19] Vereinfachter gesagt bedeutet das: Was in der Welt als Wissen existiert, steht uns als möglichwerdende Subjekte zur Verfügung. Subjekte müssen sich also innerhalb dieser normativen Bedingungen, dieses Wissens verorten, wenn sie existieren, anerkannt werden wollen – beide sind für die Existenz des Subjekts unabdingbar.[20]

Subjekte müssen sich allerdings nicht nur innerhalb des normativen Rahmens verorten, vielmehr müssen sie sich der produktiven Macht diskursiver Normen unterwerfen: „Wo gesellschaftliche Kategorien [und Normen] eine anerkennungsfähige und dauerhafte soziale Existenz gewährleisten, werden diese Kategorien, selbst wenn sie im Dienst der Unterwerfung stehen, oft vorgezogen, wenn die Alternative darin besteht, überhaupt keine soziale Existenz zu haben."[21] Und: „Wenn [...] Schemata der Anerkennung, die uns zur Verfügung sind, genau die sind, welche die Person ‚zerstören', indem sie Anerkennung verleihen, oder die Person ‚auflösen', indem sie Anerkennung vorenthalten, dann wird die Anerkennung zu einem Ort der Macht, durch die das Menschliche verschiedenartig erzeugt wird."[22]

> Die binäre Geschlechtermatrix ist unter anderem eine solche Norm bzw. hat normativen Charakter. Wenn jenen Geschlechtsidentitäten, die sich außerhalb dieser Binarität befinden, Anerkennung vorenthalten wird, hat diese Aberkennung etwas sehr Machtvolles und verschiebt die Subjekte in ein Außen des Menschlichen. Subjekte hingegen, die sich klar einer der beiden Geschlechter zuordnen, werden gesellschaftlich akzeptiert und befinden sich im Raum des Menschlichen und des Möglichen.

Es lässt sich also festhalten, dass Subjekte Produkte machtvoller normativer Diskursstrategien sind. Dabei fällt ein Paradoxon der produktiven Macht auf, die sowohl für die kulturelle Hervorbringung dessen, was ein Subjekt zu sein scheint, verantwortlich ist, als auch für die Konstitution dessen, was das Subjekt nicht sein darf.[23] Der Prozess der Subjektwerdung vollzieht sich somit auf zwei Ebenen: Das Subjekt wird durch die Unterwerfung unter Macht konstituiert, und gleichwohl ist es zur Unterwerfung unter Macht gezwungen, um zu existieren.[24]

Um den Begriff des Subjekts noch weiter zu konkretisieren, konzentriert sich Butler in ihren Analysen vor allem auf die sprachlich-performative Dimension von Macht.[25] Für Butler ist Sprache ein zentrales diskursives, produktives Moment, das nicht wertfrei ist, und Machtstrukturen als Ergebnis mit sich bringt.[26] Durch die Verwendung und Ausübung der Sprache beginnen Dinge in der Praxis zu existieren. Sprachliche Diskurse ermöglichen eine soziale Existenz, denn ihre bestimmte Bedeutung wird in die Realität umgesetzt.[27]

> Um den Prozess des Hervorbringens einer sozialen Realität erfassbarer zu machen, dient folgendes Beispiel: „[M]it der ärztlichen Interpellation [...] wechselt das Kleinkind von einem ‚es' zu einer ‚sie' oder einem ‚er'; und mit dieser Benennung wird das Mädchen ‚mädchenhaft gemacht' [...]. Damit aber endet das ‚Zum-Mädchen-machen', des Mädchens noch nicht, sondern jene begründete Anrufung wird von den verschiedenen Autoritäten und über diverse Zeitabschnitte hinweg immer wieder aufs neue [sic] wiederholt, um die naturalisierte Wirkung zu verstärken oder anzufechten. Das Benennen setzt zugleich eine Grenze und wiederholt einschärfend eine Norm."[28]

Bleiben wir bei diesem Beispiel: Die immer neue wiederholende Wirkung zeigt sich unter anderem darin, dass das *Mädchen* nicht nur bei der Geburt durch sprachliche Zuschreibung *mädchenhaft gemacht* wird, sondern sich auch im Laufe des Lebens diese Zuschreibungen in unterschiedlicher Art und Weise stetig wiederholen und dem *Mädchen-Sein* immer wieder entsprochen werden muss. Zusätzlich muss das Kind und auch die erwachsene Person häufig mit Konsequenzen rechnen, wenn davon abgewichen wird. Das scheinbar gesellschaftlich übereinstimmende Verständnis davon, was es bedeutet, ein *Mädchen*/eine *Frau* oder ein *Junge*/ein *Mann* zu sein, zeigt sich dabei in vorherrschenden Rollenbildern oder Geschlechterstereotypen, die einem Menschen immer wieder zugeschrieben werden.

> Wahrheit und Wirklichkeit treten danach wie folgt hervor: „Die performative Kraft, die der Sprache innewohnt, ist demnach das fundamentale Konstruktionsprinzip von

Wirklichkeit."[29] Dahinter steht somit die Frage, welche sprachlichen Kategorien für Subjekte existieren und verfügbar sind. Performativität[30] ist also mit Butler als sprachliche Erzeugungskraft zu verstehen, die durch Wiederholung Wirklichkeit erzeugt. „Performativität wird nicht als der Akt verstanden, durch den ein Subjekt dem Existenz verschafft, was sie/er benennt, sondern vielmehr als jene ständig wiederholende Macht des Diskurses, diejenigen Phänomene hervorzubringen, welche sie reguliert und restringiert. [...] [U]nd in dem Ausmaß, in dem sie in der Gegenwart einen handlungsähnlichen Status erlangt, verschleiert oder verbirgt sie die Konvention, deren Wiederholung sie ist."[31]

Das vorangegangene Beispiel gibt bereits einen Hinweis darauf, wie diskursive Performativität mit Geschlecht[32] zusammenhängt. Wesentlich ist, dass Butler Geschlecht nicht als „[...] natürliche Gegebenheit, sondern eine beständige, wiederholte Hervorbringung, die sich in einem historischen, kulturellen und sozialen Kontext vollzieht"[33], ansieht. Butler konkretisiert ihre Analysen des Subjekts anhand der binären[34], heterosexuellen Geschlechterdifferenz, die Subjekte auf ihr Geschlecht festlegt – und zwar als Grundlage ihrer sozialen Intelligibilität.[35] Dahinter steht also eine symbolische Ordnung der Geschlechterdifferenz mit einer normativen Wirkungsweise. Diese ist in „die historischen Formen von Subjektivität, Sexualität, Begehren, Körper... eingeschrieben"[36] und gibt einen regulierenden normativen Rahmen vor, innerhalb dessen sich Subjekte verhalten müssen, wollen sie existieren. Wollen sich Subjekte als gesellschaftliche Subjekte verorten, in die Sphäre des *Menschlichen* eintreten, müssen sie innerhalb der binären Matrix eines der zur Verfügung stehenden Geschlechter annehmen.[37] Diese Unterwerfung hat zur Folge, dass es Subjekte gibt, die sich nicht in der binären Geschlechterordnung verorten oder wiederfinden: „Denn jeder Anpassungszwang und jede Ordnung erzeugt ihr Ausgeschlossenes, ihre spezifische Unordnung bzw. Unangepasstheit. Solchermaßen fixierte, nichtkonforme Subjektidentitäten werden mit den Begriffen trans- oder homosexuell markiert, und ihre Trägerinnen und Träger sind durch ihren unklaren sozialen Ort psychisch sehr belastet. An den Schwierigkeiten [...] im binär gerasterten Raum gesellschaftlich akzeptierter Subjekte zu einer stabilen Ich-Identität zu finden, zeigt sich die Gewalt, mit der die Natur des Geschlechts und die Natürlichkeit der heterosexuellen Begehrensausrichtung im herrschenden Machtdispositiv und seiner Diskurs- und Denkweise zusammengeschweißt sind."[38]

Allerdings kann der vorherrschende Diskurs der Zweigeschlechtlichkeit nur durch ständige Wiederholung von

> Geschlechternormen bestehen, die sich dadurch verfestigen[39] und erstarren und somit den Schein einer Natürlichkeit erwecken.[40] Die Geschlechtsidentität ist aber ein „Ensemble von Akten"[41], [und es gilt, den Körper eher zu verstehen als] „zu einem geschlechtsspezifischen gemachten Körper [...] als das Erbe abgelagerter Akte denn als vorherbestimmte und geschlossene Struktur, als Wesen oder natürliches, kulturelles oder sprachliches Faktum [...]."[42]

Gender muss also als Norm verstanden werden, als eine Art Medium oder Instrument, mithilfe dessen die Konstruktion von Weiblichkeit und Männlichkeit normalisiert wird.[43] Wird allerdings der normative Charakter von Gender enthüllt und aufgedeckt, dass es die Norm ist, die den Rahmen einer Zweigeschlechtlichkeit vorgibt, wird deutlich, dass trotzdem mehr als zwei Geschlechter existieren. Der normative Charakter hinter einer scheinbaren Binarität versucht nur, diese Vorstellung aus dem Raum des Möglichen zu verdrängen. Das heißt auch, „jene Spielarten, von Gender, die nicht in das binäre Muster passen, sind ebenso Teil von Gender wie jenes seiner zutiefst normativen Beispiele."[44] Die normative Gestalt, die Gender auf eine Binarität festlegt, darf also nicht mit einer Definition von Gender gleichgesetzt werden. Dies würde andernfalls nur dazu führen, die Macht ebendieser Norm zu verfestigen, die eine Definition von Gender zu beschränken versucht.[45] „Gender könnte aber auch der Apparat sein, durch den solche Vorstellungen dekonstruiert und denaturalisiert werden"[46] und „Ziel jeder subversiven Kritik und jedes Widerstands gegen das Patriarchat soll sein, die heterosexistischen Normen der geschlechtlichen Subjektivierung zu verschieben und so die damit verbundenen Restriktionen aufzubrechen, um Körperlichkeit und geschlechtliche Identität anders leben zu können."[47]

> Warum versuchen wir nicht, an den scheinbar natürlichen Gegebenheiten von Geschlecht zu rütteln? Wieso akzeptieren wir es, in einer Gesellschaft zu leben, in der nur zwei Geschlechter als natürlich und somit als anerkannt gelten, und riskieren damit, dass es aufgrund einer Kategorie wie Geschlecht zu Ausschlüssen kommt? Wir sollten vielmehr anfangen, diese normative Ordnung zu stören, sie zu irritieren oder zu verunsichern. Wir sollten uns selbst hinterfragen und in uns reflektieren, an welchen Stellen die Kategorie Geschlecht unser eigenes Leben beeinflusst und beschneidet. Damit verbunden ist die Frage danach, worin genau das Widerstandspotenzial der Subjekte gegen die Macht der Normen liegt und wie sich die Regulierungen durchbrechen lassen? Zunächst liegen für Butler die Möglichkeiten eines Widerstands in dem Paradox der Macht. Alternative Subjektformen werden dann

möglich, wenn auf die Zwänge, die die Macht mit sich bringt, durch Wiederholung von Normen reagiert werden muss.[48] Dies steht in Zusammenhang mit Performativität, da das Subjekt nicht starr und endgültig ist, sondern performativ immer wieder neu hervorgebracht wird.[49] „[D]ie Performativität des Sprechens ließe auch eine nicht-binäre Denkweise zu. Darum liegt es in der Initiative von Subjekten, die Verschiebung der Dualität zu einer Pluralität der Geschlechter und Lebensformen zu entwickeln."[50]

> Wir müssen uns also die Frage stellen, wieso es oft so wichtig erscheint, Menschen nach ihrer Geschlechtsidentität einzuordnen. Wir sollten anfangen, uns selbst dabei zu ertappen, wenn wir Menschen einem Geschlecht zuordnen. Der Mensch ist doch weit mehr als nur ein Geschlecht. Stellen wir nicht sonst oft genug fest, dass Menschen in ihren Vorlieben und ihrer Identifikation ganz unterschiedlich sind und verschiedene Dinge mögen. Wieso aber, wenn es um das Thema Geschlecht geht, halten wir so krampfhaft daran fest, eine Person auf ein Geschlecht festzulegen und ihr dabei eine Reihe von normativen Vorstellungen zuzuschreiben? Warum entwickeln wir nicht stattdessen vielfältigere kreativere Ideen für das Ermöglichen einer Pluralität der Geschlechter und Lebensformen?

Nach Butler liegt in der „aktiven Reartikulation der Normen, die uns konstituieren, [...] auch die Ressource für Abweichung und Widerstand."[51] In dem Moment, in dem das Subjekt nicht den normativen Erwartungen entspricht, können diese als nicht natürlich entlarvt werden. Die scheinbare Wahrheit, die Subjekten durch Normen zur Verfügung gestellt wird, kann im Prozess der Reproduktion verschoben und verändert werden.[52] „Subjekte können aktiv an der diskursiven Konstruktion einer anders codierten Wirklichkeit arbeiten. [...] Dazu muß [sic] die performative Kraft der Sprache gegen die patriarchalen Machtinteressen eingesetzt werden, anstatt diese zu stabilisieren."[53] Wir müssen unser Wissen über die Wirklichkeit, über das Denk- und Lebbare erweitern. Es müssen Gender, die bereits existieren, „in die Begriffe aufgenommen [werden], welche die Realität beherrschen"[54]. Denn „[d]ie klassischen Rollenklischees in ihrer binären Codierung werden sukzessive ausgehöhlt, wenn sich Individuen in ihrer täglichen Erscheinung als Männer und Frauen bemühen, Selbstbeschreibungen jenseits dieser sexuierten Vorgaben zu leben."[55]

> Butler erklärt: „Die Fähigkeit, ein kritisches Verhältnis zu diesen Normen zu entwickeln, setzt in der Tat eine Distanz zu ihnen voraus, eine Befähigung, das Bedürfnis nach ihnen aufzuheben oder aufzuschieben, selbst wenn es ein Bedürfnis nach Normen gibt, die einen vielleicht

leben lassen."⁵⁶ Und sie führt weiter aus: „[Z]u leben bedeutet, ein Leben politisch zu leben, im Verhältnis zur Macht, im Verhältnis zu anderen, in dem Akt der Übernahme von Verantwortung für eine kollektive Zukunft."⁵⁷ „Einen normativen Anspruch gibt es [...] durchaus, und der hat mit der Fähigkeit zu tun, leben, atmen und sich bewegen zu können, und würde zweifellos bei dem einzuordnen sein, was man gemeinhin eine Philosophie der Freiheit nennt."⁵⁸

1 Judith Butler, *Die Macht der Geschlechternormen und die Grenzen des Menschlichen* (Frankfurt/M.: Suhrkamp, 2009), 348.
2 Hanna Meißner, *Jenseits des autonomen Subjekts. Zur gesellschaftlichen Konstitution von Handlungsfähigkeit im Anschluss an Butler, Foucault und Marx* (Bielefeld: transcript, 2010), 9.
3 Vgl. Meißner, 9.
4 Meißner, 9 f.
5 Das Subjekt bezeichnet hierbei weder ein Individuum, noch eine Person. Vielmehr kann es als eine sprachliche Kategorie, als eine Art Platzhalter, der sich in einer Art Entstehung und steter Weiterentwicklung befindet, aufgefasst werden. (Judith Butler, *Psyche der Macht. Das Subjekt der Unterwerfung* (Frankfurt/M.: Suhrkamp, 2019), 15.
6 Vgl. Paula-Irene Villa, *Judith Butler* (Frankfurt/M. / New York: Campus, 2012), 40.
7 Judith Butler (1993a), „Kontingente Grundlagen: Der Feminismus und die Frage der ‚Postmoderne'", in: Seyla Benhabib / Judith Butler / Drucilla Cornell / Nancy Fraser (Hg.): *Der Streit um Differenz. „Feminismus und Postmoderne in der Gegenwart"* (Frankfurt/M.: Fischer, 1993), 31–58, 45.
8 Vgl. Judith Butler (1993b), „Für ein sorgfältiges Lesen", in: Seyla Benhabib / Judith Butler / Drucilla Cornell / Nancy Fraser (Hg.): *Der Streit um Differenz. „Feminismus und Postmoderne in der Gegenwart"* (Frankfurt/M.: Fischer, 1993), 129.
9 Villa, 19 f.
10 Vgl. Christine Hauskeller, *Das paradoxe Subjekt. Unterwerfung und Widerstand bei Judith Butler und Michel Foucault* (Tübingen: edition diskord, 2000), 163.
11 Judith Butler, *Das Unbehagen der Geschlechter* (Frankfurt/M.: Suhrkamp, 1991), 24.
12 Vgl. Villa, 40.
13 Butler (1993a), 41.
14 Vgl. Villa, 39.
15 Villa, 44.
16 Vgl. Anna Wieder, „Das Versprechen der Norm und ihre Drohung. Performativität und Normativität bei Judith Butler", in: *Zeitschrift für Praktische Philosophie*, Bd. 6 (2019), Heft 1, 215–328, 219.
17 Wieder, 219.
18 Vgl. Meißner, 19.
19 Vgl. Meißner, 19.
20 Vgl. Wieder, 219.
21 Butler (1991), 24.
22 Butler (2009), 11.
23 Vgl. Anna-Lisa Müller, *Sprache, Subjekt und Macht bei Judith Butler* (Marburg: Tectum, 2009), 38 f.
24 Vgl. Butler (2019), 18.
25 Vgl. Hauskeller, 44.
26 Vgl. Villa, 20.
27 Vgl. Villa, 22.
28 Judith Butler, *Körper von Gewicht. Die diskursiven Grenzen des Geschlechts* (Berlin: Berlin Verlag, 1995), 29.
29 Vgl. Hauskeller, 44.
30 Den Begriff der Performativität entlehnt Butler der Sprachphilosophie. Er lässt sich zurückführen auf den Sprachwissenschaftler John L. Austin und dessen Theorie der Sprechakte. (Vgl. Hillmar Schäfer, *Die Instabilität der Praxis. Reproduktion und Transformation des Sozialen in der Praxistheorie* (Weilerswist: Velbrück Wissenschaft, 2013), 198.
31 Butler (1995), 22, 35.
32 Bis Anfang der 1990er Jahre gab es eine Übereinstimmung der Unterscheidung von *sex* (biologisches Geschlecht) und *gender* (Geschlechtsidentität). Judith Butler hat dies in *Das Unbehagen der Geschlechter* (Butler (1991)) radikal hinterfragt und ihrer Meinung nach sind sowohl *sex* als auch *gender* kulturell konstruiert. (Vgl. Schäfer, 209.) Im Verlauf des Textes wird daher von *Geschlecht* oder *gender* gesprochen. Darüber hinaus kann im Rahmen dieses Textes nicht auf die Diskussion über die Trennung von *sex* und *gender* eingegangen werden. Für weitere Informationen siehe z. B.: Butler (1991) und Judith Butler, „Sex and Gender in Simone de Beauvoir's *Second Sex*", in: *Yale French Studies*, No. 72 (1986), 35–49.
33 Schäfer, 206 f.
34 Das binäre Geschlechtersystem (Zweigeschlechtlichkeit) unterteilt Menschen nur in *männlich* oder *weiblich*. Geschlechter außerhalb dieses Systems werden nicht zugelassen.
35 Vgl. Meißner, 31. Intelligibilität bedeutet bei Butler das, was nachvollziehbar und somit denk- und lebbar ist. Intelligible Subjekte erhalten soziale Akzeptanz und Anerkennung (Vgl. Villa, 173).
36 Meißner, 27.
37 Vgl. Meißner, 32 f.; Vgl. Butler (1995), 29.
38 Hauskeller, 60.
39 Vgl. Schäfer, 208.
40 Vgl. Butler (1991), 60.
41 Butler (1991), 60.
42 Judith Butler, „Performative Akte und Geschlechterkonstitution. Phänomenologie und feministische Theorie," in: Uwe Wirth (Hg.): *Performanz. Zwischen Sprachphilosophie und Kulturwissenschaften* (Frankfurt/M.: Suhrkamp, 2002), 301–320, 307.
43 Vgl. Butler (2009), 74.
44 Butler (2009), 74.
45 Vgl. Butler (2009), 74.
46 Butler (2009), 74.
47 Hauskeller, 114.
48 Vgl. Müller, 39.
49 Vgl. Butler (1993b), 125.
50 Hauskeller, 66.
51 Judith Butler, Interview: Eine Welt, in der Antigone am Leben geblieben wäre, in: *Deutsche Zeitschrift für Philosophie*, Bd. 49 (2001), Heft 4, 587–599, 591.
52 Vgl. Butler (2009), 346.
53 Hauskeller, 66.
54 Butler (2009), 347.
55 Hauskeller, 67.
56 Butler (2009), 12.
57 Butler (2009), 69.
58 Butler (2009), 347 f.

Katalog 153 der DG erscheint begleitend
zur Ausstellung ‚Paradise Lost #gender shift'
im DG Kunstraum der Deutschen
Gesellschaft für christliche Kunst e.V.,
vom 11. Mai bis 18. Juli 2021.

Weitere Ausstellungsorte:

Galerie der Künstler (BBK)
Maximilianstraße 42, 80538 München
www.bbk-muc-obb.de/galerie-der-kuenstler
Ausstellung: 25. Mai bis 20. Juni 2021

PLATFORM
Kistlerhofstraße 70 (Haus 60, 3. Stock),
81379 München
www.platform-muenchen.de
Ausstellung: 5. Mai bis 26. Juni 2021

Herausgeber:
Deutsche Gesellschaft für christliche Kunst e.V.:
Dr. Walter Zahner, Benita Meißner
Konzeption: Benita Meißner, Dr. Ulrich Schäfert
Texte: Dr. Michael Brinkschröder,
Désirée Düdder-Lechner, Rainer Hepler,
Tabea Hopmans, Benita Meißner, Celina Prüfer,
Dr. Ulrich Schäfert, Prof. Dr. Peter Trawny,
Dr. Walter Zahner
Gestaltung: Bernd Kuchenbeiser Projekte
Lektorat: Dr. Hanne Borchmeyer,
Gabriele Oldenburg
Druck: DZA Druckerei zu Altenburg

Fotos:
Paul Adie, Abb. 31, 32, 33
Florian a. Betz, Abb. 45
Apollonia Theresa Bitzan, Abb. 46
Christoph Brech, Abb. 49
Anna Fiore, Abb. 48
Sara Mayoral Jiménez, Abb. 44 (Performance)
Marek Kruszewski, Abb. 41
Domino Pyttel, Abb. 47

Künstler*innen

DG

Jutta Burkhardt
Cihan Cakmak
Rineke Dijkstra
VALIE EXPORT
Alicia Framis
Katharina Gaenssler
Harry Hachmeister
Julia Krahn
Benyamin Reich
Aura Rosenberg
Thomas Ruff
Tejal Shah
Pola Sieverding
Jana Sterbak
Sophia Süßmilch

BBK

Yalda Afsah und Ginan Seidl
Katharina Gaenssler
HAVEIT
Cyrill Lachauer
Sara Mayoral Jiménez
Stephanie Müller mit Klaus Erika Dietl
Domino Pyttel
Lilian Robl
Doro Seror
Tejal Shah
Sophia Süßmilch
(mit Valentin Wagner)
Susanne Wagner

PLATFORM

Paul Adie
Katharina Gaenssler

© VG Bild-Kunst, Bonn 2021 für die Werke von
VALIE EXPORT, Alicia Framis, Harry Hachmeister,
Stephanie Müller, Thomas Ruff, Doro Seror,
Pola Sieverding, Susanne Wagner
© Autoren und Fotografen der Werke,
Deutsche Gesellschaft für christliche Kunst e.V.

1. Auflage 2021

ISBN 978-3-95976-338-7
(Kunstverlag Josef Fink)
ISBN 978-3-932322-57-0
(Deutsche Gesellschaft fur christliche Kunst e.V.)

Kunstverlag Josef Fink
Hauptstraße 102 b, 88161 Lindenberg im Allgäu
Telefon +49 83 81 8 37 21
info@kunstverlag-fink.de www.kunstverlag-fink.de

DG Kunstraum Diskurs Gegenwart
Deutsche Gesellschaft für christliche Kunst e.V.
Finkenstraße 4, 80333 München
Telefon +49 89 28 25 48
info@dg-kunstraum.de www.dg-kunstraum.de

Geschäftsführerin und Kuratorin: Benita Meißner
Assistenz: Manuela Baur
Öffentlichkeitsarbeit: Dr. Hanne Borchmeyer

Wir bedanken uns bei allen Künstler*innen und
Autor*innen für die Unterstützung des Projektes.
Des weiteren bei Anita Edenhofer (BBK/PLATFORM)
und Tabea Hopmans, Björn Bock und Lotte van
den Hoogen, die als Volontäre der PLATFORM das
Projekt aktiv unterstützt haben. Für den Anstoß
zu diesem Thema bedanken wir uns beim Kuratoren-
team des Diözesanmuseums Freising.
Wir bedanken uns für die großzügige Förderung
beim Verein Ausstellungshaus für christliche
Kunst e.V., München sowie bei der Kulturstiftung
des Bundes und der Kulturstiftung der
Stadtsparkasse München.

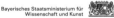

38

39

40

41

44

43

42

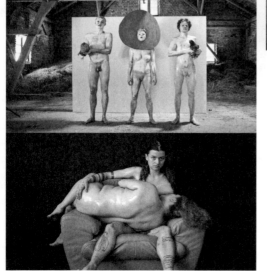

45

47

48

46

Inhalt

8 Vorwort
10 Texte I
49 Fotografie
135 Video
172 Performance
181 Texte II
223 Impressum